예수님의 길에서 만나는
이 웃 종 교

한가문연 소책 002

예수님의 길에서 만나는
이웃 종교

교회인가 | 2013년 10월 15일
초판 1쇄 발행 | 2013년 11월 29일

지은이 | 오지섭
펴낸이 | 이연수

펴낸곳 | 꼬무니오
신　고 | 제313-2011-240호 (2011년 8월 29일)
주　소 | (121-848) 서울시 마포구 서교동 475-13 원천빌딩 6층
전　화 | 02-706-1970
e-mail | commonlifebooks@gmail.com

공급처 | 도서출판 평사리
전　화 | 02-706-1970
팩　스 | 02-706-1971

ⓒ 오지섭, 2013
ISBN 978-89-98340-01-8 (04230)

한가문연 소책 002

예수님의 길에서 만나는

이웃 종교

오지섭 지음

꼬무니오

저는 종교를 보다 폭넓게 이해하려는 종교학자입니다. 그리스도교, 불교, 유교, 도교, 힌두교, 이슬람교 등 모든 종교가 제 관심사입니다. 그렇게 여럿을 기웃거리면 뭐 하난들 제대로 알 수 있겠냐고 혀를 차실지도 모르겠습니다. 그래도 여러 종교를 함께 이해하다보면 나름대로 깨닫는 바가 많습니다. 여러 종교의 가르침을 비교하면서 우리 인간에게 궁극적인 의미를 지니는 진리가 무엇인지 좀 더 깊게 이해할 수 있습니다. 그리고 그 진리를 참으로 깨달은 사람들은 서로 통하는 바가 있음을 확인하게 됩니다.

여러 종교의 진리가 통한다는 것은 서로 다른 종교를 무분별하게 뒤섞어 놓는 것을 의미하지 않습니다. 오히려 다양한 종교의 어울림 속에서 하나하나의 특별함이 더 밝게 드러날 수 있습니다. 마치 빨주노초파남보 일곱 색깔이 무지개로 한데 어울려 있을 때 각각의 색이 더욱 선명하게 빛나는 것과 같습니다. 이렇듯 여러 이웃 종교의 가르침과 비교하다 보면 그리스도교의 진리가 어떤 의미를 지니는지, 어떤 특별함을 지니는지를 더욱 분명하게 이해할 수 있습니다.

저는 지금부터 '예수님의 길'을 따라가 보려고 합니다. 그 길은 진리를 향한 예수님의 삶과 가르침의 과정입니다. 예수님의 길을 따라가면서 예수님이 참으로 깨달은 하느님의 진리를 좀 더 깊게 이해하려 합니다. 네 가지 복음서를 통해 읽을 수 있는 예수님의 행적과 가르침을 하나씩 주제로 선택하여 그 의미를 묵상해 볼 것입니다. 그리고 그 주제와 자연스럽게 만나는 이웃 종교의 이야기를 자유롭고 편안하게 풀어 보려 합니다. 이웃 종교의 이야기와 더불어 들으면서 예수님을 통해 드러난 하느님의 진리를 더 풍부하게 이해할 수 있기를 기대합니다. 아울러 이웃 종교에 대한 이해의 폭을 넓히는 기회도 되기를 바랍니다.

차 례

예수의 길, 준비

진리의 길을
떠나다

남다른 탄생

예수님의 삶을 따라가는 길에서 처음 발길이 머무는 곳
은 예수님의 탄생 이야기입니다. 복음서에서는 예수님의
탄생을 남다르게 묘사하고 있습니다.

예수 그리스도의 탄생은 이러했다. 그의 어머니 마리아는 요
셉과 정혼했는데 그들이 동거하기 전에 잉태한 사실이 드러났
다. 성령으로 말미암은 것이다. 마리아의 남편 요셉은 의롭고
마리아의 일을 폭로하기를 원치 않았으므로 남몰래 그를 소박
하기로 작정하였다. 요셉이 이런 생각을 하고 있을 무렵 마침
꿈에 주의 천사가 나타나서 그에게 말했다. "다윗의 아들 요
셉, 두려워하지 말고 당신 아내 마리아를 데려가시오. 그 속에
수태된 아기는 성령으로 말미암은 것입니다. 마리아가 아들을
낳을 터이니 당신은 그 이름을 예수라 하시오. 사실 그는 자기
백성을 그 죄에서 구원할 것입니다."(마태오 1, 18~21)

이렇게 신앙의 힘으로 아이를 받아들인 요셉과 마리아는 고향인 베들레헴으로 가는 길에 허름한 외양간에서 예수님을 낳았고, 천사들과 그 지방의 양치기들이 예수님의 탄생을 축복했습니다.(루가 2. 1~20)

예수님을 비롯한 여러 종교의 위대한 성자들은 모두 남다른 탄생 이야기를 가지고 있습니다. 다분히 신화적인 묘사입니다. 그렇지만 역사적 사실성 여부를 떠나 위대한 성자들의 남다른 탄생 이야기에서 우리는 분명한 의미를 발견하게 됩니다. 그분들이 삶 전체를 통해 드러내 보여 주었던 가르침이 남다른 탄생 이야기에서부터 이미 시작되는 셈입니다.

예수님의 탄생 이야기에서 특히 인상적인 것은 허름한 외양간에서 태어나 구유에 누워 있는 모습입니다. 가장 보잘 것 없고 서글픈 탄생일 수 있습니다. 그렇지만 우리는 구유에 누운 아기 예수님의 모습을 떠올리면서 서글픈 생각을 하거나 창피해하지 않습니다. 오히려 그 모습이 너무나 평화롭고 정겹습니다. 그 모습에서 따뜻한 사랑과 희망을 느낍니다. 가장 낮고 보잘 것 없는 곳까지 내려오신 하느님의 놀라운 사랑을 볼 수 있습니다.

예수님이 한목숨 바쳐서까지 우리에게 보여 주려 한 것

은 하느님의 사랑이었습니다. 누구보다 예수님 자신이 하느님의 사랑을 온전히 체험했고, 자신이 체험한 하느님의 사랑이 어찌나 크고 절대적이었는지 다른 사람들에게도 그 사랑을 전해 주지 못해 안달이었습니다. 그러한 하느님의 사랑은 우리 모두를 위한 사랑입니다. 특히 이제껏 제대로 사랑 한번 받아보지 못한 보잘것없는 낮은 곳의 사람들에게는 더욱 따뜻한 희망을 주는 사랑입니다. 어느 누구보다도 허름해 보이는 예수님의 탄생은 예수님 가르침의 핵심이 무엇인지를 그대로 보여 주고 있습니다.

불교에서도 석가모니 부처님의 탄생을 신비롭고 남다르게 묘사하고 있습니다. 석가모니 부처님은 현재의 네팔 남부와 인도 국경 부근 히말라야 산기슭에 있는 샤키야 족의 작은 나라에서 태어났습니다. 석가모니라는 이름은 '샤키야족 출신의 성자(聖者)'라는 뜻의 샤키야무니를 한문으로 표기한 것입니다. 아버지는 그 나라의 왕 슈도다나였고 어머니는 마야 부인이었습니다.

마야 부인은 하얀 코끼리가 옆구리로 들어오는 꿈을 꾸고 석가모니 부처님을 잉태했다고 합니다. 출산이 가까워짐에 따라 당시의 관습대로 친정에 가서 해산하기 위해 고향으로 가던 중 갑자기 심한 산통을 느껴 길옆 룸비니 동산에서 나뭇가지를 잡고 아이를 낳았습니다. 특이한 것은 태몽에서 하얀 코끼리가 몸으로 들어왔던 옆구리 자리에서 아기가 태어났다고 합니다. 더욱 신비한 일은 어머니의 옆구리를 뚫고 태어난 아기가 손가락 하나를 높이 들고 아장아장 동서남북으로 일곱 걸음씩 걸어 다니며 크게 외쳤다고 합니다. "하늘 위 하늘 아래 오직 나 홀로 존엄하도다(天上天下 唯我獨尊)."

석가모니 부처님의 탄생 이야기에서 눈에 띄는 내용은 '천상천하 유아독존'입니다. 갓 태어난 아기가 동서남북으로 일곱 걸음씩이나 걸으면서 말을 했다니 좀 황당한 생각이 들기도 합니다. 더욱이 '오직 나 홀로 존엄하도다.'라는 외침은 갓 태어난 아기의 말이라 하기에는 놀랍다 못해 어처구니없을 정도입니다. 대단한 지위에 있는 어른이 말했다고 해도 상당히 거만하고 당돌하다는 핀잔을 들을 만합니다. 하지만 이 탄생 이야기를 상징적인 내용이라고 이해해 보면 석가모니 부처님의 가르침과 연결되는 내면적인 의미를 확인할 수 있습니다.

석가모니 부처님은 인간의 기본적인 고통의 문제를 해결하고 싶었습니다. 하루하루 생활하면서 끊임없이 일어나는 갖가지 마음의 움직임들로 인한 고통에서 벗어나고 싶었습니다. 미운 사람 때문에 고통을 느끼고, 사람을 자꾸 미워하게 되는 자기 자신 때문에 또 고통을 느낍니다. 좋아하는 일을 맘대로 다 못하기 때문에 고통을 느낍니다. 주변 사람이 무심코 던진 말 한마디 때문에도 고통을 느낍니다.

석가모니 부처님은 이 모든 고통이 다름 아닌 우리 마음의 문제라는 진리를 가르쳐 주었습니다. 주위의 사람들을 만나고 여러 일들을 대하는 동안 나를 괴롭히는 여러 고통의 원인이 사실 내 마음에 있다고 합니다. 이 세상이 고통스러운 문제들로 가득 차 있기 때문이 아니라, 내가 이 세상을 나 중심적인 아집(我執)의 마음으로 대하기 때문에 고통을 느낀다는 것입니다. 내 마음이 이 세상을 고통의 바다로 만들 수도 있고 천국·낙원으로 만들 수도 있는 것입니다. 이 세상의 진리는 다름 아닌 우리 각자의 마음에 있다는 것이 석가모니 부처님의 가르침입니다.

석가모니 부처님의 남다른 탄생 이야기에는 이러한 부처님의 가르침이 담겨 있다고 이해할 수 있습니다. '오직 나 홀로 존엄하다.'는 말은 부처님 자신만이 존엄하다는 거만함의 표현이 아니라, 우리 인간들 모두가 각자 외쳐야 할 진리의 표현일 수 있습니다. 이 세상의 진리가 온전히 나의 마음 안에 간직되어 있으니, 나 이외에 따로 진리라 할 만한 것이 없습니다. '오직 나 홀로 존엄'합니다. 그 진리를 깨닫는 일 역시 나 자신의 부단한 노력에 의해 가능한 일이니 나 자신이 가장 존엄한 존재입니다.

결국 예수님과 석가모니 부처님의 남다른 탄생 이야기는 단지 그분들을 특이하고 신비한 존재로 부각시키려는 의도를 지닌 것만은 아닙니다. 탄생 이야기에서부터 우리에게 깊은 가르침을 전해 줍니다. 그 가르침의 핵심을 상징적이고 함축적으로 보여 줍니다. 태어나면서부터 '뭔가 보여 주는' 셈입니다.

예수님은 가장 낮고 비천한 모습으로 태어나셨습니다. 여러 하녀들의 시중을 받으면서 고귀한 왕자의 모습으로 태어난 석가모니 부처님과 비교하면 그 보잘것없음이 더욱 두드러집니다. 하지만 그런 낮은 곳에서의 남다른 탄생 이야기는 예수님이 삶 전체를 통해 가르쳐 주려고 했던 하느님의 진리를 미리 보여 줍니다.

예수님은 일생동안 가난하고 비천하고 소외받은 사람들의 편이었습니다. 왜 그러셨을지 생각해 봅니다. 첫째,

그들이 하느님의 진리를 가장 잘 받아들일 수 있기 때문이었을 것입니다. 재물과 권력으로 대표되는 세속적인 가치들을 떠받들고 사는 사람들에게는 하느님의 진리가 안중에 없습니다. 둘째, 가장 낮은 곳의 사람들이 더 이상 낮은 존재가 아니게 되는 것이 하느님의 진리를 구현하는 일이기 때문이었을 것입니다. "당신 팔로 힘을 쓰시어, 그 심사 교만한 자들을 흩으셨도다. 권세 있는 자들은 권좌에서 내치시고, 비천한 이들은 들어 올리셨도다. 배고픈 이들은 좋은 것으로 채우시고, 부유한 자들은 빈손으로 떠나보내셨도다."(루가 1, 51~53)

예수님의 남다른 탄생 이야기를 통해 우리는 사랑의 하느님, 정의로운 하느님을 미리 만나볼 수 있습니다.

소명
召命

예수님은 일생 동안 하느님만을 생각하신 분입니다. 하느님에게 온전히 사로잡히신 분입니다. 예수님에게 있어 하느님은 시작이고 끝이었으며, 가장 든든한 '빽'이었습니다. 하느님 덕분에 무엇이든 하실 수 있었습니다.

이렇게 예수님에게 있어 하느님이 전부가 된 것은 언제, 어떤 계기에 의해서였을까요? 복음서에서는 이에 관해 자세하게 설명하고 있지는 않습니다. 그렇지만 우리는 예수님이 세례자 요한으로부터 세례를 받으셨다는 기록에서 예수님과 하느님의 긴밀한 관계를 분명하게 읽을 수 있습니다.

당시 세례자 요한이 사람들에게 선포했던 세례는 회개를 의미했습니다. 하느님을 등지는 일이 '죄'이고, 죄를 범한 인간이 하느님께로 되돌아서는 방향 전환이 '회개'이며, 회개한 인간이 하느님과 정상적인 관계를 회복하는 상징적 행위가 '세례'였습니다(정양모 역주,『마르코복음서』한국천주교회 200주년 신약성서, 분도출판사, 26면 참조). 사실 예수님은 이러한 의미로서 회개와 세례에 해당하는 분은 아니었을 것입니다. 예수님의 세례는 이와 다른 상징적 의미를 지닙니다.

예수님의 세례에 대해 복음서는 이렇게 기록하고 있습니다.

그 무렵의 일이다. 예수께서는 갈릴래아 나자렛으로부터 오셔서 요르단 강에서 요한에게 세례를 받으셨다. 그리고 즉시 물에서 올라오시면서 보시니, 하늘이 갈라지고 (하느님의) 영이 비둘기처럼 당신에게 내려왔다. 이어 하늘에서 이런 소리가 울려 왔다. "너는 내 사랑하는 아들이니, 나는 너를 어여삐 여겼노라."(마르코 1, 9~11)

이 기록에서 우리는 두 가지 내용을 읽을 수 있습니다. 예수님이 세례자 요한으로부터 세례를 받으셨다는 것, 그리고 세례를 받으실 때 예수님이 특별한 체험을 하셨다는 것입니다. 예수님이 세례자 요한으로부터 세례를 받으셨다는 것에 관해서는 역사 비평적 입장에서 여러 가지 설명을 할 수 있을 것입니다. 당시 세례자 요한이 이끌었던 신앙 운동의 성격과 영향력에 관한 설명, 세례자 요한과 예수와의 관계에 관한 설명, 복음사가들의 예수 이해 등, 관심을 기울여야 할 내용들이 많습니다.

그런데 두 번째 내용, 즉 세례를 받으실 때 예수님이 특별한 체험을 하셨다는 것에서는 복음서에서 묘사하고 있는 장면 그대로의 사실성 여부를 떠나서 분명한 의미를 읽을 수 있습니다. 우리가 예수님의 생애와 신앙을 이해하는데 있어 대단히 중요한 의미를 확인할 수 있습니다.

"하늘이 갈라지고 하느님의 영이 비둘기처럼 내려왔다"는 것, 그리고 "너는 내 사랑하는 아들이니, 나는 너를 어여삐 여겼노라."라는 하늘의 소리를 들었다는 것은 분명한 예수님의 체험이었을 것입니다. 그 체험이 실제로 세례자 요한으로부터 세례를 받을 당시에 이루어졌는지, 복음서에서 묘사하는 것처럼 극적인 장면이었는지는 또 다른 차원의 관심일 수 있습니다. 분명한 것은 예수님이 언제부터인가 어떤 계기에 의해 강렬한 하느님 체험을 했고, 그 이후 온전히 하느님에게 사로잡히셨다는 사실입니다. 예수님의 세례 받음은 이러한 체험을 상징적으로 보여 주는 사건으로 이해할 수 있습니다.

이후의 예수님 생애와 가르침을 고려했을 때 예수님의

체험에서 가장 중요한 의미를 지니는 것은 "너는 내 사랑하는 아들"이라는 부분입니다. 예수님이 하늘로부터 이러한 소리를 들었다는 것은 바꾸어 말하면 예수님 자신이 하느님을 '아빠'로 체험하셨다는 의미일 것입니다. 어린아이는 아빠의 손만 잡고 있으면 아무런 의심이나 불안한 마음 없이 먼 길을 떠날 수 있습니다. 그 길이 어떤 길이든 어린아이는 아빠와 함께 있다는 이유 하나만으로도 든든하고 기쁩니다. 예수님은 하느님을 그렇게 온전히 모든 것을 신뢰할 수 있는 아빠로 체험하셨습니다.

예수님이 하느님을 아빠로 체험한 것은 이후 예수님의 생애를 결정짓는 '깨달음'이었습니다. 가장 궁극적인 진리가 무엇인지에 대한 깨달음이었고, 아울러 어떤 삶을 살아야 할지에 대한 깨달음이었습니다. 예수님은 이러한 깨달음을 통해 자신이 어떤 일을 해야 하는지 확고히 결정하셨을 것입니다. 그리고 그 결정은 바로 예수님 자신에게 전해진 하느님의 특별한 부르심이었습니다. 이 세상에 "진리를 증언"(요한 18, 37)하라는 하느님의 '소명(召命)'이었습니다.

예수님의 깨달음과 소명이 어떤 의미를 지니는지는 공자(孔子)의 경우를 살펴보면 좀 더 분명하게 이해할 수 있습니다. 예수님이 하느님의 소명을 받고 일생 동안 진리를 증언하셨듯이, 공자도 하늘로부터 소명을 받고 일생 동안 진리를 위한 삶을 살았습니다. 사실 공자의 생애와 가르침을 확인할 수 있는 『논어(論語)』에는 공자가 구체적으로 어떻게 하늘부터 소명을 받았는지에 관한 기록은 없습니다. '하늘로부터 소명을 받았다.'라는 표현 자체가 『논어』와 유교 전통 전체에 있어서는 생소하기까지 합니다. 하지만 공자의 생애와 가르침을 깊이 있게 살펴보면 궁극적 진리인 하늘(天)에 대한 공자의 긴밀한 이해를 확인할 수 있습니다. 예수님이 아빠 하느님에 대한 철저한 신앙을 지니셨듯이, 공자도 하늘에 대한 확고한 '신앙'을 지니고 있었습니다.

공자가 일생 동안 사람들에게 가르쳐 준 진리는 공자 개인의 의견이라든지, 공자가 임의로 지어낸 것이 아닙니다. 공자가 살았던 시기보다도 훨씬 오래전부터 엄연히 존재해 온 (사실 언제부터인지 그 시작을 말할 수도 없는) '초월적' 진리를 새삼 전해 주었을 뿐입니다. 이 점은 『논어』 술이 편의 '술이부작(述而不作)'이라는 표현에서 분명하게 확인할 수 있습니다. 다시 말하자면 공자는 자신이 먼저 궁극적 진리를 깊이 깨닫고 그 진리를 세상 모든 사람에게도 전해 주려 했습니다. 공자는 이렇게 진리를 온 세상에 전하는 일을 하늘로부터 받은 자신의 사명이라고 생각했습니다.

『논어』에 이런 내용이 나옵니다. 공자가 위나라의 읍인 의(儀)를 지날 때의 일이었습니다. 위나라의 국경 수비를 담당하던 하급 관리가 공자를 뵙고자 했습니다. 그 사람은 비록 변방의 하급 관리였지만 나름대로 깊은 학식을 지녔고 진리에 대한 통찰력도 지녔던 인물이었습니다. 세상일에 복잡하게 휘말리지 않기 위해 일부러 변방에 머물면서 그곳을 지나치는 수많은 사람들 중에 이른바 군자(君子)다운 사람이 있으면 꼭 그를 만나 깊은 이야기를 나누곤 했습니다. 그래서 공자도 뵙기를 청했던 것입니다.

이 사람이 공자를 뵙고 나서 이런 말을 했습니다. "천하에 도가 없어진 지 오래 되었기 때문에, 이제 하늘이 공자를 목탁(木鐸)으로 삼으실 것이다." 목탁이란 옛날 중국에서 새로운 법령이나 문사(文事)를 널리 알릴 때 사용했던 도구입니다. 목탁을 흔들어 사람들의 주의를 환기시킨 후 법령을 공포했습니다. 하늘이 공자를 목탁으로 삼았다는 것은 공자를 통해 이 세상에 진리를 널리 전하고자 했다는 뜻의 상징적인 표현입니다. 하늘이 이 세상에 진리를 널리 전하기 위해 공자에게 소명을 주었다고 이해할 수 있습니다.

이처럼 확고한 소명 의식이 있었기에 공자는 단지 진리를 증언하는 일만을 위해 일생을 살 수 있었습니다. 마음만 먹었다면 당시의 유력한 군주 밑에서 권세와 부귀를 누릴 수도 있었겠지만, 공자는 그 같은 삶을 선택하지 않았습니다. 실제로 공자의 삶은 궁핍하고 고달픈 삶이었습니다. 하지만 공자는 물질적으로 가난한 삶 속에서도 진리를 즐기는 '안빈낙도(安貧樂道)'의 삶을 살았습니다. 공자가 이러한 삶을 살 수 있었던 것은 진리 그 자체에 대한 확고한 '신앙'이 있었기 때문이라고 할 수 있습니다. 이 세상에 진리를 증언하라는 하늘의 소명이 있었기 때문입니다.

이렇게 보면 공자의 삶이 예수님의 삶과 많이 닮았다는 생각을 하게 됩니다. 예수님이 아빠 하느님에게 온전히 사로잡힌 삶을 사셨듯이, 공자도 궁극적 진리에 온전히 사로잡힌 삶을 사셨습니다. 예수님이 세례를 통해 하느님으로부터의 소명을 체험하고 이후 흔들림 없이 하느님의 아들로서의 삶을 사셨던 것처럼, 공자도 (비록 세례와 같은 극적인 사건은 없었지만) 내면적으로 하늘로부터의 분명한 소명을 간직하고 사셨습니다. 잠깐 엉뚱한 생각을 해 봅니다. 혹시 공자도 속으로는 하늘을 '아빠'라고 부르셨던 것은 아닐까?

유혹

예수님을 비롯하여 석가모니, 공자, 무함마드 등과 같은 위대한 성인들의 생애를 보면서 우리는 깊은 감동을 느낍니다. 그 감동은 평범한 우리들이 감히 이룰 수 없을 정도로 뛰어난 그분들의 삶의 모습 때문이라고 할 수 있습니다. 그런데 다른 한편으로 생각해보면 그분들 역시 우리와 똑같은 인간이었다는 사실, 우리처럼 유한한 존재로 출발하여 그 같은 완성을 이루었다는 사실이 더 큰 감동을 줍니다. 그분들도 우리와 똑같이 맛있는 음식을 먹고 화려한 옷을 입고 아늑한 집에서 살고 싶었을 것입니다. 다른 사람들에게 떵떵거릴 수 있는 삶을 바라는 자연스러운 감정을 지니고 있었을 것입니다. 그러한 인간적인 욕망을 충족하는 삶을 살고 싶은 유혹을 의연하게 극복했다는 점이 우리에게 더 큰 감동을 줍니다. 그분들은 어떻게 가장 인간적인 욕망의 유혹을 극복할 수 있었을까요?

성서의 기록에 의하면 예수님은 세례자 요한에게 세례를 받으신 후 광야에서 사십일 동안 단식하면서 악마에게 유혹을 받으셨다고 합니다.

그때에 예수께서는 영에 의해 광야로 인도되어 악마에게 유혹을 받으셨다. 그리하여 밤낮 사십 일을 단식하시니 마침내 허기지셨다. 그러자 유혹하는 자가 다가와서 예수께 "당신이 하느님의 아들이거든 이 돌들이 빵이 되라고 해보시오." 하고 말했다. 예수께서 대답하여 "(성경에) '사람이 빵으로만 살지 못하고 하느님의 입에서 나오는 모든 말씀으로 살리라'고 기록되어 있다." 하고 말씀하셨다. 그때에 악마는 그분을 거룩한 도시로 데리고 가서 그분을 성전 꼭대기에 세우고 말했다. "당신이 하느님의 아들이거든 아래로 몸을 던지시오. '(하느님께서) 그대를 위해 당신 천사들에게 명하시리라.' 또한 '그들은 손으로 그대를 받들어 그대의 발이 돌에 다치지 않게 하리라.'고 기록되어 있소." 예수께서 악마에게 말씀하셨다. "'너의 하느님이신 주님을 떠보지 말라'고도 기록되어 있다." 악마는 다시 예수를 매우 높은 산으로 데리고 가서 세상의 모든 나라와 그 영광을 그분에게 보여 주며 이렇게 말했다. "당신이 내게 엎드려 절하면 이 모든 것을 당신에게 주겠소." 그때에 예수께서 그에게 말씀하셨다. "물러가라, 사탄아! '너의 하느님이신 주님에게 엎드려 절하고 오직 그분만을 섬겨라'고 기록되어 있다." 이에 악마는 그분을 떠나가고 천사들이 다가와서 그분의 시중을 들고 있었다.(마태 4, 1~11)

  예수님이 악마의 유혹을 받으셨다는 기록을 통해 우리는 예수님도 본격적으로 공생활을 시작하시기 전에 인간적인 욕망의 유혹을 극복하는 과정을 겪으셨다는 사실을 확인할 수 있습니다. 세례를 통해 하느님의 부르심을 체험했지만 본격적으로 하느님만을 위한 삶을 살려는 순간에 인간적인 욕망이 다시 한 번 예수님을 괴롭혔을 것입니다. 하느님만을 위한 삶을 산다는 것이 어떤 것인지를 잘 알기 때문에 인간적 욕망의 유혹이 더욱 크게 다가왔을 것입니다.
  위의 성서 구절에서 악마가 접근하고 있는 유혹의 내용들은 우리 인간에게 가장 원초적인 욕망들입니다. 맛있는 음식을 배불리 먹고 싶은 욕망, 세상의 모든 영광과 권력을 누리고 싶은 욕망은 모든 인간이 지니고 있는 욕망입니다. 여기에 덧붙여 '하느님을 떠보고 싶은 욕망'은 하느님의 부르심을 체험한 예수님에게는 또 하나의 강한 인간적 욕망이 될 수 있었을 것입니다. 하느님이 내 편이라고 느낄 때, 하느님이 나를 위해 아무 때나 어디에서나 무엇이든 해 줄 것이라는 생각은 인간으로서 지닐 수 있는 또 하나의 유혹입니다. 아빠가 든든한 후원자라고 믿고 아무 때나 자기가 하고 싶은 일을 이루어 달라고 떼를 쓰는 어린 아이의 마음, 원할 때 언제나 불러내도 소망을 들어주는 요술 램프 속의 거인 마법사를 갖고 싶은 마음은 우리 인간이 지니는 또 하나의 욕망입니다.

불교에도 예수님의 유혹 이야기와 같은 내용이 있습니다. 석가모니 부처님이 깨달음을 위해 수행하던 중 끊임없이 악마들의 유혹과 협박을 받았다는 기록이 여러 경전에 나옵니다. 이들 기록은 석가모니 부처님 역시 완전한 깨달음을 얻기 위해서는 인간적인 욕망과 갈등의 유혹을 극복해야만 했다는 사실을 말해 줍니다.

『숫따니빠따』라는 경전에 이런 내용이 나옵니다. 수행 중인 석가모니 부처님에게 악마가 다가와 속삭입니다. "당신은 고행의 결과 몸이 여위어 살아남기 어렵게 될 것이다. 생명이 있어야 여러 가지 선행도 가능한 것이다. 고행에 열중한다고 해서 무슨 성과가 있겠는가. 어차피 깨달음의 길은 어렵고 도달하기 어려운 것이다." 이에 대해 석가모니 부처님은 "내게는 믿음이 있고 지혜가 있다. 육체의 살이 빠질 때 마음은 더욱 더 맑게 개이고, 믿음과 지혜는 더욱 더 굳어진다. 마음은 갖가지 욕망을 전혀 돌보지 않는다. 보라, 이 심신의 깨끗함을"이라고 대꾸했다고 합니다. 인간의 나약한 심성과 현실의 안락에 안주하려는 욕망 그리고 쉽게 자신을 합리화하려는 인간의 속성을 이용한 악마의 유혹이었지만, 석가모니 부처님은 굳은 믿음으로 그 유혹을 극복했습니다.

같은 문헌에 의하면 악마에게는 여덟 무리의 군대가 있다고 합니다. 여기서 말하는 여덟 군대란 욕망, 혐오, 기갈, 갈애, 나태, 공포, 의혹, 위선을 말합니다. 이들은 모두 인간이 본래부터 지니고 있는 원초적 욕망입니다. 이는 깨달음으로 나가려는 인간의 마음속에 생겨나는 갈등을 나타냅니다.

석가모니 부처님이 받은 유혹의 절정을 이루는 것은 마왕(魔王)의 세 딸이 등장하여 깨달음에 거의 다다른 석가모니를 온갖 교태로 유혹했다는 이야기입니다. 갈애, 혐오, 탐욕이라 불리는 마왕의 세 딸은 어린 소녀, 젊은 처녀, 남의 아내, 노파 등으로 모습을 바꿔가며 석가모니에게 접근했습니다. 이들은 명상에 잠겨있는 석가모니 부처님에게 다가가 "왜 슬픔에 지쳐 홀로 숲에 앉아 생각에 잠겨 있는 것인가, 마을 사람들에게 무슨 죄를 지었는가, 무슨 까닭으로 모든 사람들과 교류를 끊었는가, 친구가 없어서 그러는가?"라고 물으면서, 자기들과 잠자리를 같이 하기만 하면 온 세상의 통치자가 되게 해주겠다고 제안했습니다. 하지만 석가모니 부처님은 "내 마음은 고요하다."라는 말로써 이들을 일축했다고 합니다.

이 같은 유혹 이야기들은 결국 수행 과정에서 석가모니 부처님의 내면세계에 일어났음 직한 갈등들을 상징적으로 표현한 것이라고 할 수 있습니다. 등장하는 악마들의 여러 이름과 모습들이 인간적인 욕망의 여러 측면들을 상징하고 있습니다. 성적 충동, 물질적 안락, 세상의 권력에 대한 욕망, 그리고 이들 욕망으로부터 자유로워지려 할 때 느낄 수 있는 불안과 공포와 갈등 등이 그대로 악마의 유혹으로 표현되고 있습니다.

이처럼 예수님과 석가모니 부처님의 유혹 이야기에서 우리는 그분들이 받은 악마의 유혹이 곧 가장 인간적인 욕망의 유혹이었음을 알 수 있습니다. 그분들은 인간으로서 느낄 수 있는 가장 원초적인 욕망의 유혹을 이긴 것입니다. 중요한 것은 그분들이 어떻게 유혹을 극복할 수 있었느냐는 점입니다. 인간이라면 누구나 느낄 수 있는 자연스럽고 기본적인 욕망이니만큼 좀처럼 그 깊은 뿌리를 끊어버리기 힘들다는 것을 우리들은 잘 알고 있습니다. 그 끈질긴 유혹을 그분들은 어떻게 이겨낼 수 있었을까요?

그 대답은 바로 예수님이 악마의 유혹을 물리치며 하신 말씀에 담겨 있습니다. "물러가라, 사탄아! '너의 하느님이신 주님에게 엎드려 절하고 오직 그분만을 섬겨라.'고 기록되어 있다." 바로 하느님에 대한 굳은 신앙입니다. '오직 하느님만을' 바라보는 굳은 신앙으로 인간적 욕망의 유혹을 이길 수 있었습니다.

윌프레드 캔트웰 스미스(Wilfred Cantwell Smith, 1916~2000)라는 종교학자는 '신앙'이 모든 종교의 공통적인 특징이라고 했습니다. 그가 말하는 신앙이란 개념은 '자신의 전 존재가 어떤 궁극적(초월적)인 존재를 향하고 있는 내면적 상태'를 의미합니다. 자신의 몸과 마음, 정신, 모든 것이 궁극적 존재 하나만을 향하고 있는 상태입니다. 세상의 다른 가치나 의미를 향하고 있는 것이 아니라 온전히 궁극적 존재만을 향한 삶을 의미합니다. 이렇게 하는 것은 그 궁극적 존재가 최상의, 절대적 가치이기 때문입니다. 다른 세속적인 가치들은 제한적이고 부분적인 의미를 지닐 뿐입니다. 이러한 신앙 안에서 세속적 가치나 인간적 욕망으로부터 자유로워질 수 있습니다.

악마는 예수님에게 하느님이 아닌 빵이나 세상의 영광을 향한 삶을 살도록 유혹했습니다. 하지만 예수님은 오직 하느님만을 바라보셨습니다. 예수님의 몸과 마음, 정신, 모든 것이 오직 하느님만을 향하고 있었습니다. 예수님은 오직 하느님만을 바라보는 확고한 신앙으로 인간적 욕망의 끈질긴 유혹을 극복할 수 있었습니다. 오직 하느님만 바라보고 있는 예수님 옆에서 혼자 온갖 쇼를 하던 악마는 결국 머쓱해져 스스로 발길을 돌릴 수밖에 없었을 것입니다. 예수님 승!

여러분도 나처럼

악마의 유혹을 이겨낸 예수님은 본격적으로 하느님의 일을 시작하셨습니다. 예수님은 하느님의 일을 시작하면서 우선 제자들을 부르셨습니다.

그리고 예수께서 갈릴래아 호숫가를 지나가시다가 보시니, 시몬과 시몬의 동기 안드레아가 호수에서 그물을 던지고 있었다. 그들은 어부들이었다. 예수께서 그들에게 "내 뒤를 따르시오. 당신들이 사람 낚는 어부가 되게 하겠소." 하고 말씀하셨다. 그러자 즉시 그들은 그물을 버려두고 그분을 따랐다. 그리고 그분은 조금 더 가시다가 제베대오의 아들 야고보와 그의 동기 요한을 보셨는데 그들은 배에서 그물을 손질하고 있었다. 그분이 선뜻 그들을 부르시니 그들은 아버지 제베대오를 삯군들과 함께 배에 남겨두고 그분의 뒤를 따라 나섰다.(마르 1, 16~20)

이 성서 구절에 등장하는 제자들은 가장 전형적인 순명의 모습을 보여줍니다. 예수님의 부르심에 아무런 망설임 없이 즉각 따라나섭니다. 자신들의 생계 수단인 그물을 버려두고, 심지어는 아버지까지 남겨 두고 따라나섭니다. 물론 루가복음서(5, 1~11)에는 제자들을 사로잡은 예수님의 기적 이야기가 덧붙여져 있지만, 그것을 감안하더라도 처음 본 사람의 말을 그토록 확고하게 믿고 따른다는 것은 결코 쉬운 일이 아니었을 것입니다.

이것저것 따지고 일단 의심부터 하고보는 현대인 같았으면 어림도 없는 일입니다. 예수님이 진짜 선생님이라는 사실을 확인했다하더라도 그 길이 어떤 길인지, 그 길을 따라나섰을 때 자신이 잃는 것과 얻는 것이 무엇인지 재빠르게 계산해 볼 것입니다. 그리고 잠시 마음의 갈등을 느낀 후 "죄송합니다. 저는 따라나설 수 없겠습니다. 저에게는 이런 저런 사정이 있어서요……."라고 아쉬운 듯 말꼬리를 흐렸을 것입니다. 복음사가가 단호한 순명 정신을 강조하기 위해 의도적으로 제자들의 인간적 갈등 내용을 배제했을 수도 있지만, 어쨌든 결연하게 예수님을 따라나선 제자들이 정말 대단합니다.

그런데 예수님은 왜 제자들을 부르셨을까요? 혼자 다

니려니 심심해서? 수발드는 사람이 필요해서? 여러 사람을 거느리고 다니면 폼 날 것 같아서? 아니면 새로운 종교를 만들어서 교주로 군림하고 싶어서? 예수님이 제자들을 부르신 의도가 이런 내용과는 거리가 멀다는 사실은 이후 예수님의 삶 전체를 보면 쉽게 확인할 수 있습니다.

예수님이 제자들을 부르신 것은 특별한 의도가 있어서라기보다 오히려 지극히 자연스러운 일이었다고 할 수 있습니다. 예수님은 강렬한 하느님 체험에 사로잡혔던 분이었습니다. 그리고 당신이 체험한 하느님, 그 좋은 하느님을 다른 모든 사람들에게도 알려 주고 싶어 안달이 났던 분이었습니다. 예수님은 당신이 그랬던 것처럼 다른 모든 사람들도 진정한 진리를 깨달을 수 있기를 바라셨습니다. 제자들을 부른 것은 그러한 바람을 자연스럽게 실행에 옮긴 것이라고 할 수 있습니다. 항아리에 물이 가득 차면 저절로 넘쳐흐르듯이 말입니다.

예수님이 시작하신 하느님의 일은 그저 그럴듯한 말잔치로 그칠 수 없는 일이었습니다. 한 순간 사람들의 관심을 끌거나 잠시의 논쟁을 유도하기 위한 것도 아니었습니다. 예수님의 하느님 사업은 사람들의 삶 자체를 변화시키기 위한 것이었습니다. "여러분은 회개하고 복음을 믿으시오."(마르 1. 15) 회개하고 복음을 믿는 것은 이전까지와는 완전히 다른 방향으로 삶을 전환하는 것을 의미합니다. 오직 하느님만을 향한 삶입니다. 예수님의 부르심에 응한 제자들은 이런 삶의 전환을 결단한 사람들이었습니다. 예수님이 제자들을 부르신 것은 '여러분도 나처럼' 하느님만을 향한 삶으로 전환하라는 권유의 의미를 지닌 것입니다.

예수님의 제자 선택이 지니는 이러한 상징적인 의미를 석가모니 부처님의 경우와 비교해보면 좀 더 분명하게 이해할 수 있습니다. 석가모니 부처님도 완전한 깨달음을 이룬 후 많은 제자들을 받아들였습니다. 석가모니 부처님이 제자들을 받아들인 것은 예수님과 마찬가지로, 자신의 권위를 내세우기 위해서나 새로운 종교의 교주로 군림하기 위해서가 아니었습니다. 자신이 깨달은 궁극적 진리를 다른 사람들도 똑같이 깨닫도록 이끌어 주는 일이 자연스럽게 제자 선택으로 이어졌습니다.

석가모니 부처님은 처음에 자신이 깨달은 진리를 다른 사람들에게 전하는 일을 망설였다고 합니다. 그 깨달음의 내용이 너무 심오하기 때문이었습니다. "나는 심오한 진리를 깨달았다. 그것은 알기 어려운 것이다. 그것은 마음의 평화를 가져다주는 숭고한 진리이다. 단순한 사색에서 벗어나 슬기로운 자만이 알 수 있는 진리이다. 그런데 사람들은 집착을 좋아하고 집착을 즐긴다. 그런 사람들이 이 법을 깨닫는다는 것은 어려운 일이다……. 내가 이 진리를 가르친다 해도 사람들이 이해하지 못한다면 결국 나만 피곤할 것이다." 완전한 깨달음의 세계는 깨닫기 이전의 세계와는 전혀 다른 경지입니다. 깨닫기 이전인 현실 세계의 언어나 개념으로는 도저히 담아낼 수 없는 초월적인 진리입니다. 궁극적 진리를 깨달은 후 그 진리의 초월성에 압도된 석가모니 부처님은 이 진리를 있는 그대로 세상 사람들에게 전해 주기가 도저히 불가능할 것이라 걱정했습니다.

이러한 걱정에도 불구하고 석가모니 부처님이 결국 세상 사람들에게 진리를 펼치기로 결심한 것은 중생을 측은하게 여기는 자비심 때문이었습니다. 불교 경전에는 석가모니 부처님이 가르침을 펼치기로 결심하는 과정에서 여러 신들의 간청이 있었다는 이야기가 나오기도 합니다. 어쨌든 최종적으로 가르침을 펼치기로 결정한 데에는 석가모니 부처님의 중생을 위한 마음이 작용했습니다.

그런데 이러한 석가모니 부처님의 자비심도 결국은 진리

의 자연스러운 작용이라고 할 수 있습니다. 석가모니 부처님은 자신이 먼저 궁극적 진리를 깨닫고 그 진리에 완전히 사로잡혔습니다. 그리고 다른 모든 사람들도 자기와 똑같이 진리에 눈뜨기를 간절히 원했습니다. 예수님이 하느님을 체험한 후 다른 모든 사람들도 똑같이 하느님을 체험하게 되기를 간절히 원하셨던 것과 마찬가지입니다. 완전한 진리를 맛본 사람은 그 좋은 것을 모든 사람이 함께 맛볼 수 있도록 권유하게 되는 것, 아마도 이것이 진리가 지니는 자연스러운 힘인 것 같습니다. 제자를 선택한 것은 이러한 진리의 자연스러운 작용에 따른 결과로 이해할 수 있습니다.

이렇게 예수님과 석가모니 부처님의 제자 선택을 비교하다보면 한 가지 재미있는 점을 발견할 수 있습니다. 앞에서 읽은 성서 구절에 나오듯이 예수님이 선택한 제자들은 어부였습니다. 아마도 그다지 학식이 높지 않고 또 경제적으로도 여유가 없는 사람들이었을 것입니다. 이에 비해 석가모니의 첫 제자들은 부잣집 출신들이었습니다.

가장 먼저 제자가 된 사람은 당시 베나레스에 살던 야사(Yasa)라는 젊은이였습니다. 야사는 큰 부호의 아들이었습니다. 야사는 계절별로 지낼 수 있는 별장들을 갖고 있었고, 그 별장에서 하루 종일 시녀들에 둘러싸여 술과 놀이를 즐기다가 그대로 널브러져 잠이 들곤 했습니다. 어느 날 야사는 평소보다 일찍 깨어나, 밤새 함께 놀다가 아직도 잠들어 있는 시녀들을 보았습니다. 머리칼이 헝클어진 시녀, 침을 흘리면서 자고 있는 시녀, 잠꼬대를 하는 시녀 등을 보면서 야사는 추악함과 혐오감을 느꼈습니다. 그 길로 집을 나간 야사는 석가모니를 만나 가르침을 받고 진정한 깨달음을 얻었습니다. 그 뒤 야사의 아버지, 어머니, 아내가 차례로 석가모니의 제자가 되었고, 야사와 친하게 지내던 친구들 50명도 석가모니의 제자가 되었습니다. 이들은 모두 크고 작은 부잣집 아들들이었습니다.

그렇다고 해서 석가모니의 수행 공동체〔승가僧伽〕가 그 이후로도 계속 부잣집 사람들만을 받아들인 것은 아닙니다. 석가모니의 첫 제자들이 부잣집 출신들이었다는 것은 불교 교단이 처음 형성될 당시의 시대적 상황을 고려해서 이해해야 할 내용입니다. 승가는 기본적으로 화합승(和合僧)으로서의 성격을 강조합니다. 계층이나 신분의 벽을 무너뜨리고 모든 사람을 평등하게 존중하는 공동체입니다. 부자든 가난한 자든 그 안에서는 모두가 궁극적 진리 하나만을 향하고 있는 똑같은 존재입니다. 예수님에 의한 공동체〔교회〕와 같은 이상을 지니고 있다고 할 수 있습니다.

어쨌든 예수님이 하느님의 일을 시작하는 과정에서 이루어진 제자 선택은 바로 예수님이 다른 사람들 모두를 예수님 자신과 똑같은 하느님 체험으로 이끌어 주려는 '자비심'에 의한 것으로 이해할 수 있습니다. 자신이 그런 훌륭한 진리를 깨달았다는 것을 다른 사람들에게 자랑하고 인정받으면서 자신을 높이 드러내려는 마음이 아니라, 좋으신 하느님을 모두가 체험하게 되기를 바라는 사랑의 마음에 따른 자연스러운 부르심이었던 것입니다. 물론 이러한 예수님의 부르심은 오늘날의 우리들에게도 똑같이 들리고 있습니다. "여러분도 나처럼."

예수의 길, 하나

내면을 향한 길

인간의 참된 본성

예수님은 자주 비유를 사용하셨습니다. 비유를 통한 가르침은 평범한 사람들이 쉽게 이해할 수 있다는 장점이 있습니다. 비유를 통한 가르침이 지니는 또 하나의 매력은 그 비유에 등장하는 상징적인 언어들이 듣는 사람에 따라 여러 가지 의미로 전달될 수 있다는 점입니다. 예수님이 우리에게 던져 주신 비유의 말씀을 통해 우리는 여러 상황에서 그때마다의 적절한 의미를 깨우칠 수 있는 것입니다. 이것이 종교적인 비유 혹은 상징이 지니는 매력이라고 할 수 있습니다.

'달란트의 비유'에서도 우리는 여러 의미를 들을 수 있습니다.

그것은 여행가는 사람의 경우와 같습니다. 그는 떠나면서 종들을 불러 재산을 맡기며 깜냥대로 하나에게는 다섯 달란트, 하나에게는 두 달란트, 하나에게는 한 달란트를 주고 떠났습니다. 다섯 달란트 받은 종은 곧 가서 그것을 활용하여 다섯 달란트를 더 벌었습니다. 두 달란트 받은 종도 그렇게 두 달란트를 더 벌었습니다. 그러나 한 달란트 받은 종은 물러가서 땅을 파고 주인의 돈을 숨겼습니다. 많은 시일이 지나 주인이 와서 셈을 밝혔습니다. 다섯 달란트 받은 이가 다가와 다섯 달란트를 더 바치며 "주인님, 다섯 달란트를 맡겨 주셨는데, 보십시오, 다섯 달란트를 벌었습니다."라고 하니 주인이 말했습니다. "잘했다, 착하고 충실한 종아, 적은 일에 충실했으니 많은 일을 맡기겠다. 와서 주인의 기쁨을 함께 누려라." 두 달란트 받은 이가 다가와서 "주인님, 두 달란트를 맡겨 주셨는데, 보십시오, 두 달란트를 벌었습니다." 하자 주인은 말했습니다. "잘했다, 착하고 충실한 종아, 적은 일에 충실했으니 많은 일을 맡기겠다. 와서 주인의 기쁨을 함께 누려라." 그런데 한 달란트 받은 이가 다가와서는 이렇게 말했습니다. "주인님, 저는 주인님이 모진 분이라 심지도 않은 데서 거두고 뿌리지도 않은 데서 모으신다는 것을 알고 있었습니다. 그래서 두려운 나머지 물러가서 주인님의 달란트를 땅 속에 숨겼습니다. 보십시오, 주인님의 것입니다." 주인이 대답했습니다. "악하고 게으른 종아, 내가 심지도 않은 데서 거두고 뿌리지도 않은 데서 모은다는 것을 알고 있었다고? 그렇다면 내 돈을 돈놀이

꾼들에게 맡겼어야지. 그랬더라면 내가 와서 이자와 함께 돈을 돌려받았을 것이다. 그자한테서 한 달란트마저 빼앗아 열 달란트를 가진 종에게 주어라. 누구든지 가진 자는 더 받아 넘치게 가질 것이고, 갖지 못한 자는 가진 것마저 빼앗길 것이다. 이 쓸모없는 종을 바깥 어둠 속으로 쫓아내라. 거기서 울며 이를 갈 것이다."(마태 25, 14~30)

언뜻 들으면 요즘 사람들이 많은 관심을 갖는 재테크에 관한 가르침을 예수님이 주시는 것 같습니다. '역시 돈은 굴려야 해.', '돈이 돈을 버는 거야.' 그런데 이 비유에 등장하는 '달란트'가 단순히 돈 그 자체를 지칭하는 것이 아닌 상징적인 언어라는 생각을 하게 되면, 이 비유에서 더욱 깊이 있는 의미를 들을 수 있습니다.

이 비유에 등장하는 '달란트'는 하느님이 우리 인간들에게 주신 '능력'을 의미한다고 할 수 있습니다. 여기에서 흔히 우리는 '나에게 주어진 달란트는 무엇일까?', '얼마만큼의 달란트를 주었을까?', '과연 나는 어떤 존재가 되어 어떤 삶을 살게 될까?'라는 문제에 초점을 맞추기 쉽습니다. 그러나 하느님이 우리에게 주신 능력이란 단지 현세적인 삶을 잘 꾸려 나가는 처세술로서의 능력만을 의미하지는 않습니다. 인간으로 태어나서 마땅히 알아야 할 진리를 깨닫는 능력, 인간으로서 올바른 삶을 살아나갈 수 있는 능력을 의미합니다. 이런 의미에서 '달란트'는 하느님이 우리에게 주신 '참된 본성'이라고 이해할 수 있습니다. 하느님은 인간에게 진리를 알아볼 수 있는 달란트, 진리에 따른 삶을 살아갈 수 있는 달란트로서의 참된 본성을 주신 것입니다.

여기에서 우리가 놓치기 쉬운 또 한 가지 중요한 내용이 있습니다. 하느님이 우리에게 참된 본성을 주셨다는 것 자체가 가장 기쁜 소식(복음)이고, 그 소식이 그대로 진리이고, 그 진리를 깨달아 믿는 것이 신앙이라는 사실입니다. 우리 인간은 진리 자체이신 하느님에 의해 처음부터 진리에 부합하는 존재로 갖추어져 있다는 사실이야말로 가장 희망적이고 기쁜 소식이 아닐 수 없는 것입니다.

예수님 이외에도 여러 종교의 성인들이 인간의 본성에 대해 깊은 관심을 보였습니다. 특히 유교에서는 인간의 본성 문제가 계속해서 중요한 논의의 주제가 되곤 했습니다. 우리가 가장 잘 알고 있는 것이 맹자(孟子)의 성선설(性善說)입니다. 인간은 본성적으로 선한 바탕을 지녔다는 것입니다. 그러나 모든 사람이 맹자처럼 성선설의 입장을 취한 것은 아닙니다. 맹자는 성선설을 강조하면서 인간의 본성을 다르게 파악한 대표적인 사례 세 가지를 비판했습니다.

첫 번째는 세석(世碩)이라는 사람에 의한 '성유선유악론(性有善有惡論)'입니다. 인간의 본성은 선한 면도 있고 악한 면도 있다는 것입니다. 두 번째는 어떤 인간의 본성은 선하고 어떤 인간의 본성은 악하다는 주장입니다. 인간에 따라 다른 본성을 타고난다는 것입니다. 세 번째는 고자(告子)라는 사람이 주장한 '성무선무불선론(性無善無不善論)'입니다. 인간의 본성은 선하지도 악하지도 않다는 주장입니다. 고자는 인간 본성의 선악은 선천적으로 타고난 것이 아니고 후천적으로 결정되는 것이라고 생각했습니다. 인간의 자연적 본성은 아무 것도 결정되지 않은 상태여서 선으로 갈 수도 있고 악으로 갈 수도 있다는 것입니다. 후천적으로 어떤 교육을 받고 어떤 상황을 경험하느냐에 따라 선의 결과 혹은 악의 결과를 드러낸다는 생각입니다.

맹자는 이러한 세 가지 주장이 모두 인간의 본성을 잘못 파악한 것이라고 비판하면서 인간의 본성은 선하다는 사실을 강조했습니다. 맹자는 인간의 본성이 선하다는 사실을 다음과 같은 마음의 단초를 통해 확인할 수 있다고 했습니다. 즉, 모든 인간에게는 '남의 어려운 상황을 측은히 여기는 마음(惻隱之心)', '나쁜 일을 부끄러워하는 마음(羞惡之心)', '겸손하고 양보할 줄 아는 마음(辭讓之心)', '옳고 그름을 판별할 줄 아는 마음(是非之心)'이 있다는 것입니다. 이러한 본성적인 마음이 실마리가 되어 인(仁)·의(義)·예(禮)·지(智)의 네 가지 덕[사덕四德]을 완성할 수 있다고 합니다.

또한 맹자는 인간에게는 배우지 않아도 할 수 있는 능력[양능良能]과 생각하지 않아도 알 수 있는 능력[양지良知]이 선천적으로 부여되어 있다고 했습니다. 이러한 선천적 능력에 의해 인간은 진리를 알고 실천하는 삶을 살아갈 수 있다는 것입니다. 결국 맹자는 사덕과 양지 양능을 성선설의 근거로 제시했으며, 이 본성에 의해 인간이 동물과 구별된다고 주장했습니다.

한편 순자(荀子)는 인간의 본성 문제를 맹자와 다른 측면에서 접근했습니다. 순자는 맹자가 인간의 본성을 지나치게 낙관적인 측면으로만 파악했다는 점을 문제 삼았습니다. 순자는 한결 현실적으로 인간의 본성이 지닌 악한 측면에 초점을 맞추었습니다. 이른바 '성악설(性惡

說)'입니다.

순자는 성악설의 증거로서 다음과 같은 점을 제시했습니다. "인간의 본성은 나면서부터 이익을 좋아한다. 그것을 그대로 따르기 때문에 쟁탈이 발생하고 사양하는 마음이 없어진다. 나면서부터 질투하고 미워한다. 그것을 그대로 따르기 때문에 폭력이 발생하고 충신(忠信)이 없어진다. ……인간의 본성은 굶주리면 배부르고 싶어 하고 추우면 따뜻한 것을 찾으며 피곤하면 쉬고 싶어 한다."

순자가 이렇게 인간 본성의 부정적인 측면에 초점을 맞춘 것은 결국 예법(禮法)과 교육을 강조하기 위한 것입니다. 단순히 인간을 본성적으로 구제불능인 악한 존재로 규정하려는 데 목적이 있는 것은 아닙니다. 현실적으로 쉽게 욕망에 이끌리는 나약한 인간 존재를 인정하고 그 문제를 경계하려는 의도입니다. 인간의 도덕적 완성은 막연히 본성에 의존하는 데 그쳐서는 안 되고, 적극적인 교육과 수양에 의해 이루어야 한다는 점을 강조한 것입니다.

이러한 유교의 본성 논쟁을 통해 보면 예수님이 말씀하신 '달란트 비유'의 의미를 좀더 분명하게 이해할 수 있습니다. 하느님은 분명 우리에게 참된 본성을 주셨습니다. 그렇다고 그대로 모든 것이 끝난 것은 아닙니다. 받은 본성을 그대로 땅에 파묻어 놓아서는 안 됩니다. 받은 것을 잘 활용하고 가꾸어서 몇 배의 결실을 이루어야 합니다. 하느님이 우리 인간에게 참된 본성을 주셨다는 사실 자체가 기쁜 진리이지만, 그 진리를 온전히 나 자신의 것으로 완성시키기 위해서는 나의 본성이 계속 깨어 있을 수 있도록 노력해야 합니다. 비유에 나오는 착하고 충실한 종이 주인에게서 받은 달란트를 잘 굴렸던 것처럼 말입니다.

여섯 번째 이야기

무위자연의 신앙
無爲自然

성서의 기록을 보면 예수님의 가르침은 소신으로 가득
찬 힘 있는 가르침이었습니다. 예수님은 누구의 눈치를
보지 않았고, 사람들의 바람에 가벼이 영합하려 하지도
않았습니다. 자신에게 닥칠지 모르는 위험이나 불이익에
도 개의치 않았습니다.

예수님의 이러한 흔들림 없는 소신은 예수님 자신의 확
고한 하느님 신앙에 근거한 것이라고 할 수 있습니다. 궁
극적 진리이신 하느님에 대한 굳은 신앙이 그대로 예수
님 소신의 원천이었습니다. 그리고 그러한 확고한 하느
님 신앙을 우리에게도 그대로 전해 주고자 했습니다. 확
고한 하느님 신앙이야말로 예수님 가르침의 핵심입니다.

그런데 '확고한 하느님 신앙'이란 구체적으로 어떤 것
일까요? 저는 다음 성서 구절을 읽을 때마다 확고한 하
느님 신앙이 어떤 의미를 지니는지 좀 더 분명하게 확인
하게 됩니다.

배는 이미 뭍에서 여러 스타디온 떨어져 있었는데 파도에 몹시 시달리고 있었다. 바람이 마주 불어왔기 때문이다. 예수께서는 밤 사경에 호수 위를 걸어 그들에게로 가셨다. 그러자 제자들은 그분이 호수 위를 걸어 오시는 것을 보고 당황하여 "유령이다." 하며 두려워서 비명을 질렀다. 그러자 〔예수께서는〕 즉시 그들에게 이야기하시며 "힘내시오, 나요. 두려워하지 마시오." 하셨다. 베드로가 예수께 대답하여 "주님, 주님이시거든 저더러 물 위를 걸어 주님께로 오라고 명령 하십시오." 하고 여쭈었다. 예수께서 "오시오." 하시자 베드로는 배에서 내려 물 위를 걸어서 예수께로 갔는데 〔거센〕 바람을 만나자 그만 두려워졌다. 그래서 물에 빠지기 시작하자 비명을 지르며 "주님, 저를 구해 주십시오."하였다. 예수께서 즉시 손을 내밀어 그를 붙잡고 "믿음이 약한 사람, 왜 의심했습니까?" 하고 그에게 말씀하셨다.(마태 14, 24~31)

제목은 기억나지 않지만 어렸을 때 본 영화에서 이 장면을 그리고 있었습니다. 깜깜한 호수 위에 떠 있는 배, 정말 유령처럼 물 위를 걸으시는 예수님, 머뭇거리다가 물 위에 발을 디뎌 보지만 몇 걸음 못 가 빠져 버리는 베드로, 이런 장면들이 어렴풋이 기억납니다.

그때는 이 성서 구절의 내용을 그저 예수님의 신비한 기적 이야기정도로만 생각했습니다. '물 위를 걸으시다니, 예수님은 정말 대단한 분이야…….' 하지만 좀 더 커서 신앙에 대해 깊이 생각하게 되면서, 이 성서 구절의 초점은 '예수님, 물 위를 걸으시다'가 아니라 '베드로, 그는 왜 물 위를 걷지 못했는가?'라는 것임을 알게 되었습니다.

예수님은 물 위를 걸으시고 베드로는 그렇지 못했던 차이는 바로 '확고한 신앙'의 유무라고 할 수 있습니다. 하느님에 대한 확고한 신앙을 지닌 예수님은 어떤 두려운 상황에서도 주저함 없이 무슨 일이든 할 수 있었습니다. 하지만 베드로는 아직 예수님 같은 확고한 신앙을 지니지 못했습니다. 예수님의 의연한 모습을 보고 순간적으로 자신도 신앙의 마음을 드러내 보지만, 거센 바람을 만나자 곧 두려운 마음이 들고 말았습니다.

베드로도 확고한 신앙에 대해 알고는 있었을 것입니다. 확고한 신앙을 지니면 그 어떤 상황에서도 흔들림 없을 수 있다는 것도 알고 있었을 것입니다. '저도 물 위를 걸어보겠습니다.'라고 나섰을 때는 자신에게도 그러한 확고한 신앙이 있다고 느꼈을 것입니다. 하지만 안타깝게도 그때까지 베드로에게는 신앙이 자신의 것으로 확고하게 내면화되지 못했던 것 같습니다.

베드로의 모습을 보면서 우리는 확고한 신앙의 의미를 분명하게 확인할 수 있습니다. 확고한 신앙이란 머리로만 알아서 이루어지는 것은 아닙니다. 어느 한 순간의 분위기에 휩싸여 한껏 고조되었다가 상황이 바뀌면 가라앉아 식어 버리는 것도 아닙니다. 확고한 신앙은 굳이 의식하지 않고 신경 쓰지 않아도 항상 자연스럽게 자신 안에 가득 차 있습니다. 내가 확고한 신앙을 지니고 있다고 굳이 의식하지 않아도 일상적으로 행하는 삶의 모습 전부에 자연스럽게 스며들어 있는 것이 확고한 신앙입니다. 예수님처럼 말입니다.

이러한 확고한 신앙의 의미는 도가(道家)의 무위자연(無爲自然) 사상을 통해서 좀더 깊이 있게 이해할 수 있습니다. 무위자연이란 일단 글자 그대로 풀어보면 "행함이 없이 스스로 그러하다."입니다. 그 의미를 좀 더 깊게 이해하기 위해 다시 '행함이 없다〔무위無爲〕'와 '스스로 그러하다〔자연自然〕'를 나누어 볼 수 있습니다.

먼저 '행함이 없다'는 말은 단순히 아무 일도 하지 말라는 뜻은 아닙니다. 인위적이고 의도적인 행위들을 하지 말라는 뜻입니다. 인간적인 기준에서, 인간적인 욕심에 의해 무엇인

53

가를 바라고 이루려는 모든 의지와 행위가 부질없음을 지적하는 것입니다. 왜 그 같은 일들이 부질없다는 것인지는 그다음 '스스로 그러하다'는 말이 지니는 의미와 연결시켜 생각하면 분명해집니다.

스스로 그러하도록 하는 것은 그저 모든 것을 자포자기하여 될 대로 되라는 식으로 방치하는 것과는 전혀 다른 차원입니다. 여기에는 '스스로 그러함'이 바로 궁극적인 진리이고 가장 이상적인 상태라는 절대적인 '신앙'이 전제되어 있습니다. 이 세상은 본래 불변의 진리, 즉 도(道)에 의해 올바르게 흘러가도록 되어 있기에 인간은 오직 그 진리의 흐름을 전적으로 믿고 의탁하기만 하면 됩니다. 그 진리의 흐름에 대한 온전한 '신앙'을 지니지 못하고 인간이 자신의 기준에서 무엇인가를 이루려는 것이 문제입니다. 이기적이고 자기중심적인 행위를 할 때 이 세상은 궁극적 진리의 흐름에서 어긋나는 문제 상황이 되는 것입니다.

결국 무위자연이란 이 세상 모든 것을 마땅한 흐름으로 이끌어 가는 불변의 진리에 대한 '신앙'을 바탕에 두고 있습니다. 이것은 그 진리에 어긋나는 (그 진리에 거스르는) 일들을 하지 않는다는 것을 의미합니다. 궁극적인 진리에 따라 사는 것이 아니라, 인간 자신이 기준이 되어 자기중심적으로 판단하고 행동하는 것이 삶의 모든 모순과 문제 상황의 원인이라는 것입니다.

이처럼 진리의 흐름에 그대로 몸을 내맡길 수 있는 것이 확고한 신앙입니다. 궁극적 진리에 대한 확고한 신앙을 지니면 그 어떤 상황에서도 의혹과 두려움이 있을 수 없습니다. 깜깜한 바다 위의 일엽편주에 몸을 싣고 있다 해도 두려움 없이 편안히 잠을 잘 수 있을 것입니다. 아무리 거센 폭풍우가 휘몰아쳐도, 결국은 (진리의) 파도가 나를 목적지까지 이끌어 갈 것이라는 확고한 신앙만 지니고 있다면 아무런 두려움 없이 작은 배의 흔들림에 몸을 맡길 수 있습니다.

이렇게 확고한 신앙을 지니는 것은 결국 자기 자신을 버리는 것을 의미합니다. 나 자신을 기준으로 삼는 것이 아니라, 궁극적 진리를 기준으로 삼기 위한 자기 비움입니다. 마태오 복음 16장 21~27절은 이러한 자기 비움을 통한 확고한 신앙을 잘 보여 줍니다. 이 성서 구절에서 예수님은 베드로에게 호된 꾸지람을 하십니다. 베드로가 꾸지람을 받은 이유는 "하느님의 일을 생각하지 않고 사람의 일만을 생각"했기 때문입니다. 예수님은 궁극적인 진리인 하느님의 뜻을 절대적으로 믿으면서 인간적인 기준에서 볼 때 너무나 피하고 싶은 수난의 과정을 의연히 받아들이려고 합니다. 그런데 단순히 인간적인 기준에만 사로잡혀 있던 베드로는 "결코 그런 일이 있어서는 안 됩니다."라고 엉뚱한 소리를 합니다. 그런 베드로와 제자들에게 예수님은 "자기를 버려라."라는 가르침을 주십니다.

예수님이 가르치시는 '자기 버림'은 자포자기식으로 자신을 내팽개치는 것을 뜻하지 않습니다. 책임회피의 마음으로 모든 것을 내맡기는 것도 아닙니다. 삶의 기준을 궁극적이고 근원적인 '진리'로 옮기는 것을 의미합니다. 나 중심적인 사고에서 벗어나 궁극적 진리인 하느님 안으로 온전히 옮겨 들어가는 것입니다. 참으로 올바른 것, 본래 그러했고 또 마땅히 그리 되어야 할 바인 진리를 믿고 그 진리에 전적으로 의탁하는 것이 진정 자기 자신을 버리고 확고한 신앙을 지니는 것입니다. 바로 '무위자연의 신앙'입니다.

지행합일

知行合一

 예수님의 가르침은 사실 그 내용면에서 보면 지극히 단순하고 평범합니다. 인간 존재에 대한 깊이 있는 통찰 내용을 담고 있지도 않고, 우주의 근원에 관한 형이상학적 논변을 전개하지도 않습니다. '하느님을 온 마음과 온 몸으로 사랑하라'는 것이 예수님이 가르친 내용의 전부라고 해도 과언이 아닙니다. 그리고 그에 관해서 그리 많은 말을 덧붙이지도 않았습니다.

 예수님의 가르침이 지니는 진정한 의미는 화려하고 짜임새 있는 내용이나 많은 말들에 있지 않습니다. '실천'에 있습니다. 예수님의 가르침은 실천의 문제에 초점을 맞추고 있습니다. 예수님의 가르침을 단지 새로운 지식으로만 이해하는 것은 예수님의 본래 의도에 어긋납니다. 예수님의 가르침을 번드레하게 말로만 되풀이하는 것은 예수님 가르침의 본 뜻을 거스르는 일입니다. 예수님 가르침의 핵심은 직접적인 실천에 있습니다.

무엇보다 예수님 자신이 몸소 실천의 삶을 보여 주셨습니다. 이 점은 여러 종교의 성인들에게 있어서 공통적인 특징입니다. 그들의 위대함은 단지 훌륭한 진리를 깨달은 점에 그치지 않고, 깨달은 진리를 몸소 실천했다는 점에서 더 부각됩니다. 그들이 깨닫고 우리에게 가르쳐 준 진리는 실천을 수반했을 때 비로소 완성되는 진리였습니다.

예수님이 실천을 강조하신 것은 성서의 여러 구절을 통해 확인할 수 있습니다.

"왜 여러분은 나를 '주님, 주님' 하고 부르면서 내가 말하는 것은 행하지 않습니까? 누구든지 나에게 와서 내 말을 듣고 그대로 행하는 사람이란 어떤 사람과 같은지 여러분에게 일러 주겠습니다. 그는 (땅을) 깊이 파서 반석 위에 기초를 놓고 집을 지은 사람과 같습니다. 홍수가 나서 큰물이 그 집을 덮쳤으나 흔들리게 하지 못했습니다. 그 집은 잘 지었기 때문입니다. 그러나 듣고도 행하지 않는 사람은 기초 없이 맨땅에 집을 지은 사람과 같습니다. 큰물이 그 집을 덮치자 곧 무너지고 말았습니다. 그 집은 크게 망그러졌습니다." (루가 6. 46~49)

"듣고도 행하지 않는 사람은 기초 없이 맨땅에 집을 지은 사람과 같다."고 하십니다. 아무리 좋은 가르침을 들었더라도 그것을 실천하지 않으면 살아있는 진리로 완성될 수 없습니다. 그 가르침을 듣고 머리로만 이해한 상태에서는 '나'라는 존재를 근본적으로 변화시킬 수 없습니다. 듣는 순간에는 나 자신이 부쩍 커지고 깊어진 것 같은 느낌이지만, "큰물이 덮치면 곧 무너지고 맙니다." 어느 상황에서도 흔들리지 않는 반석을 내 안에 세우는 일은 배우고 들은 진리를 직접 실천함으로써 이루어질 수 있습니다.

'아는 것'보다 '실천하는 것'을 강조하시는 예수님의 원칙은 또 다른 성서 구절을 통해서도 확인할 수 있습니다.

"여러분은 어떻게 생각합니까? 어떤 사람에게 아들 둘이 있었는데 맏이한테 가서 '애야, 너 오늘 포도원에 가서 일하여라.' 하고 일렀습니다. 그러자 그는 '싫습니다.' 하고 대답했지만 나중에 뉘우치고 (일하러) 갔습니다. 아버지는 다른 아들한테 가서도 같은 말을 했습니다. 그러자 그는 '예, 주인어른.' 하고 대답했지만 (일하러) 가지는 않았습니다. 그 둘 가운데 누가 아버지의 뜻을 행했겠습니까?" 그들이 "맏이입니다." 하자 예수께서 그들에게 말씀하셨다. "진실히 여러분에게 이르거니와, 세리들과 창녀들이 여러분보다 먼저 하느님의 나라에 들어갑니다. 사실

요한이 여러분에게 의로움의 길을 (가르치러) 왔건만 여러분은 그를 믿지 않았습니다. 세리들과 창녀들은 그를 믿었습니다. 그러나 여러분은 보고도 끝내 뉘우치지 않고 그를 믿지도 않았습니다."(마태 21. 28~32)

이 성서 구절에는 두 아들이 등장합니다. 두 아들 모두 아버지로부터 '포도원에 가서 일하라'는 말을 들었습니다. 하지만 아버지의 말을 들은 이후의 행동은 두 아들이 서로 달랐습니다. 첫째 아들은 아버지의 말을 들은 대로 실천에 옮겼습니다. 비록 처음에 마음의 갈등은 있었지만 그래도 아버지의 말을 믿고 따랐습니다. 둘째 아들은 겉으로는 아버지의 말을 잘 듣고 이해한 듯 했지만 결국 그대로 실천에 옮기지는 않았습니다. 그저 듣고 아는 데 그쳤습니다. 이 성서 구절에 등장하는 두 아들의 비유는 '아는 것'과 '실천하는 것' 사이의 문제를 상징적으로 보여 줍니다.

유교에서는 지행론(知行論)이라 하여 '아는 것〔지知〕'과 '실천하는 것〔행行〕'의 관계에 관한 지속적인 논의가 있었습니다. 지와 행을 놓고 어느 것이 더 앞서는 것인가 또는 어느 것이 더 어려운 것인가에 대한 질문을 유학자들이 자주 제기했습니다. 쉽게 표현하여 '아는 것'과 '실천하는 것' 중 어느 것이 우선하는가의 문제입니다.

『논어』에서는 "제자들은 들어와서는 효도하고, 나가서는 우애롭고 삼가하고 신의 있게 행하며, 널리 여러 사람들을 사랑하고, 어진(仁) 사람을 가까이 하여라. 그렇게 행하고 여력이 있으면 학문하여라."라고 하여, 일상생활에서 구체적인 실천을 우선 강조하였습니다. 그런데『맹자』에서는 "어린아이로서 자기 부모를 사랑할 줄 모르는 아이는 없고, 자라서는 연장자를 공경할 줄 모르는 사람이 없다."라고 하여, 아는 것과 실천하는 것이 본래 같이 이루어지는 것임을 강조했습니다.

이러한 지행론을 좀 더 본격적으로 그리고 사상적으로 연구 논의한 것은 주희(朱熹)와 왕수인(王守仁)입니다. 주희는 "먼저 궁극적 이치를 깨우쳐 알고 이후에 몸과 마음을 올바르게 닦는 실천을 행한다."는 입장을 취했습니다. 지가 행보다 앞서는 것으로 설명한 것입니다. 그러나 주희는 "지가 행보다 앞서는 것이지만 중요성은 오히려 행에 있다"고 하였고, "지와 행은 어느 쪽에도 노력을 치우치게 할 수 없는 것이다."고 하여 지뿐만 아니라 행의 중요성도 함께 강조하였습니다.

한편 왕수인은 지가 선행해야 한다는 주희의 입장에

반대하여 '지행합일(知行合一)'을 주장했습니다. 이것은 지와 행을 합일시켜야 한다는 의미가 아니라, 지와 행이 본래 하나라는 의미입니다. 왕수인은 지와 행을 별개로 구분하거나 선후를 논하는 것을 거부하고, 지와 행의 근원적인 통일성을 강조했습니다. 왕수인은 지의 진실하고 독실한 것이 곧 행이요, 행의 밝고 명확한 것이 곧 지이므로 양자는 분리될 수 없는 하나라고 했습니다. 올바르고 진실하게 알면 그것을 실천하지 않을 수 없고, 실천하지 못하는 것은 밝고 명확하게 아는 것이 아니라고 할 수 있다는 것입니다. 왕수인에게 있어서는 알면서 행하지 않는다는 것은 곧 모른다는 의미입니다.

위에서 인용한 성서 구절에서 예수님이 비유로 들은 두 아들 이야기는 유교의 지행론을 연상시킵니다. 첫째 아들은 자신이 들어 알게 된 것을 실천으로 옮겼고, 둘째 아들은 아는 것에만 그쳤을 뿐 그것을 실천으로 옮기지는 않았습니다. 예수님의 지행론은 유교에서보다 분명하고 명확한 결론을 제시합니다. 올바른 길을 가르쳐 준 요한을 보고서도 끝내 회개를 실천하지 않은 대사제와 원로들보다, 요한의 말을 믿고 따른 세리와 창녀들이 먼저 하느님의 나라에 들어간다고 말씀하십니다.

이 성서 구절을 다시 왕수인의 지행합일론에 비추어 이
해해 본다면, 둘째 아들은 제대로 안 것이 아니고 첫째
아들이 참으로 진리를 안 것이라고 할 수 있습니다. 실
천 여부를 보면 그것을 분명히 알 수 있습니다. 왕수인이
지행합일론을 통해 설명했듯이, 참된 진리를 진실하게 알
았다면 그 진리를 실천하는 것은 지극히 당연하고 자연
스러운 일입니다. 그것이 참된 진리가 지닌 힘입니다. 참
진리를 제대로 들어 알았다면, 그 진리의 힘이 나의 모든
것을 사로잡아 나는 그 진리를 따르는 삶을 실천하지
않을 수 없습니다. 진리는 그 누구, 그 어느 것도 거부하
거나 대항할 수 없는 타당하고 마땅한 힘을 지니고 있기
때문입니다.

그렇다면 아직까지도 온전히 진리를 실천하는 삶을 살
지 못하고 있는 저 같은 사람은 어떻게 된 걸까요? 이것
저것 주워들어 아는 것은 많은 것 같은데, 이미 하느님의
진리를 들어 알고는 있는데, 실제 삶에서의 실천은 언제
나 진리의 주변을 맴돌기만 하는 것은 왜 그럴까요? 제
대로 실천이 안 되는 것을 보니 아직도 제대로 알고 있는
것이 아닌 거군요……

여덟 번째 이야기

오로지 진리를 위해

몇 년 남짓의 짧은 공생활 동안 예수님은 정말 많은 일
을 겪으셨습니다. 물론 '마음이 가난한' 여러 이웃과 친
교를 나누면서 기쁘고 아름다운 추억도 만드셨지만, 예
수님의 뜻을 제대로 이해하지 못하는 많은 사람으로 인
해 온갖 고뇌와 힘든 일을 감당하실 수밖에 없었습니다.
결국 평범한 사람으로서는 좀처럼 견디기 힘든 지독한
모욕과 수난을 겪고 처참한 죽음을 당하셨습니다.

사실 공생활 내내 예수님도 자신에게 닥쳐올 수난을
어느 정도 예견하실 수 있었을 것입니다. 세상과 인간을
향한 예수님의 가르침이 결코 무난한 것은 아니었기 때
문입니다. 예수님의 가르침은 사람들의 삶에 분명한 변
화를 요구하는 도전이었기 때문입니다. 더 나아가 예수
님은 그러한 수난이 당신에게뿐 아니라, 하느님의 진리를
따르려는 모든 사람에게도 닥쳐올 수 있음을 알려 주셨
습니다.

그러나 이 모든 일에 앞서 사람들이 그대들에게 손을 대어 박해할 터인데 회당과 감옥으로 넘길 것이요, 그대들은 내 이름으로 말미암아 임금과 총독들 앞에 끌려갈 것입니다. 그것은 그대들이 증언할 기회가 될 것입니다. 그러니 마음에 새겨 두시오. 변론할 말을 미리 생각하지 마시오. 내가 구변과 지혜를 줄 터이니, 반대자들이 그 지혜에 맞서거나 반박할 수 없을 것입니다. 부모와 형제와 친척과 친구들까지 그대들을 넘겨주고 그대들 가운데 더러는 죽일 것입니다. 그대들은 내 이름으로 말미암아 모든 사람에게 미움을 받을 것입니다. 그러나 머리카락 하나도 잃지 않을 것입니다. 참고 견디면 생명을 얻을 것입니다.(루가 21, 12~18)

예수님은 당신에게 닥쳐올 수난을 예견하셨으면서도, 어떻게 그 수난을 피하지 않고 당당하게 맞이하실 수 있었을까요? 또한 하느님의 진리를 따르려는 우리에게도 닥쳐올 수 있는 수난을 예수님처럼 당당하게 맞이할 수 있는 용기와 힘은 어디에서 얻을 수 있을까요?

그것은 분명 하느님에 대한 절대적인 신뢰와 헌신일 것입니다. 예수님은 하느님이 궁극적인 의미이고 절대적인 진리라는 확고한 신앙으로 가득 찬 분이셨기 때문에 그

혹독한 수난을 당당히 맞이하실 수 있었을 것입니다. 궁극적이고 절대적인 진리를 위해서라면 인간적인 차원에서의 모욕이나 수난은 그저 일시적이고 사소한 의미를 지닐 뿐입니다.

실제로 여러 종교의 성인들도 자신의 신앙을 지키기 위해 현실적인 모욕과 수난을 당당히 견뎠습니다. 그들 모두 절대적인 진리를 위해 상대적인 가치들은 과감히 포기하는 선택을 했습니다. 이러한 성인에 해당하는 예는 수없이 많지만, 여기에서는 우리나라 조선 시대의 보우(普雨, 1515~1565) 스님을 소개하려 합니다.

조선 왕조는 유교를 국가 이념으로 삼아 건국되었습니다. 불교를 국가 이념으로 삼았던 고려 왕조를 해체시키고 새로이 유교를 이념으로 하는 왕조를 세우고자 했습니다. 불교에 대해 국가 차원에서 전폭적인 지원을 했던 고려 시대에 불교로 인한 폐단과 국력 손실이 너무 심했기 때문입니다. 따라서 조선 왕조는 처음부터 불교에 대한 철저한 배격 정책을 시행했습니다. 불교가 더 이상 지속되지 못하도록 제도적으로 억압 정책을 썼을 뿐 아니라, 사상적으로도 불교가 사람들을 현혹시켜 잘못된 길로 이끄는 거짓 가르침이라는 점을 강조했습니다. 이 같은 상황에서 불교는 극도로 위축될 수밖에 없었고, 그대로 이어지면 정말 불교 자체가 소멸될지도 모를 상황이었습니다.

보우 스님은 이렇게 극도로 침체한 조선 불교를 회생시키는 데 결정적인 역할을 한 사람입니다. 보우 스님은 명종(明宗) 시대, 섭정을 통해 막강한 권력을 행사하고 있던 문정대비의 후원을 얻어 불교 중흥을 위해 힘썼습니다. 조선 건국 초기의 혹독한 불교 말살 정책에 의해 지리멸렬한 상태였던 불교를 제도적으로 재정비하고, 불교 내의 훌륭한 인재들을 양성하기 위해 승과(僧科)를 부활시키기도 했습니다. 이렇게 부활된 승과를 통해 이후 조선 불교의 명맥을 유지시킨 서산(西山) 스님 등이 등장할 수 있었습니다. 보우 스님의 불교 중흥 노력이 없었으면 이후 조선 불교의 운명은 많이 달라졌을 것입니다.

그런데 보우 스님의 불교 중흥 노력은 당시 유신(儒臣)들의 서슬 퍼런 반대와 탄압 속에서 이루어졌다는 점에서 그 의미가 더 큽니다. 절대 권력을 지닌 문정대비의 전폭적인 후원 속에서 이루어진 것이었지만 불교에 대한 배격 정책은 결코 변할 수 없는 국가 원칙이었고, 유교 이외에 다른 종교나 사상은 도저히 인정될 수 없는 상황이었습니다. 특히 불교는 척결 대상 1호였습니다.

더욱이 문정대비의 섭정 자체가 당시의 유신들에게 반감을 사고 있던 상황에서 보우 스님의 불교 중흥 노력은 정치적으로 더욱 집중적인 표적이 될 수밖에 없었습니다. 말 그대로 목숨을 내걸어야 하는 상황이었습니다. 결국 문정대비가 죽은 후 보우 스님은 유신들에 의해 국가의 기강을 흔들고 민심을 사악한 곳으로 이끌려고 한 요승(妖僧)으로 몰려 제주도로 귀양을 떠나게 되었습니다. 그리고 그곳에서 비참한 죽음을 맞았습니다.

조선 시대의 공식 문헌들에서 보우 스님에 대한 평가는 언제나 부정적이었습니다. 국정(國政)을 농락하면서 사리사욕만을 채웠고, 거짓 가르침인 불교로 백성들과 나라 전체를 혼란스럽게 만든 요사스러운 중이라는 것이 보우 스님에 대한 유교 측의 평가였습니다. 심지어 문정대비와 불미스러운 관계가 있었다는 주장도 있었습니다.

그러나 보우 스님에 대한 유교 측 기록들이 상당 부분 왜곡된 것이라는 사실이 최근 학계의 객관적 연구를 통해 입증되었습니다. 그리고 보우 스님은 확고한 신념과 사명감으로 불교를 중흥시키기 위해 노력하다가 반대 세력에 의해 죽임을 당한 것으로 평가받게 되었습니다. 이제 불교 측에서는 보우 스님을 순교자로 추앙하고 있습니다.

김대건 안드레아 신부님을 비롯한 한국의 성인들, 그리고 비록 교회에 의해 성인품에 오르지는 못했지만 자신의 신앙을 지키기 위해 기꺼이 목숨마저 내놓은 많은 순교자들도 당시에는 허황된 가르침에 현혹되어 나라를 혼란스럽게 만든 죄인으로 평가받았을 것입니다. 보우 스님에 대한 유교 측의 평가처럼 말입니다. 자신이 살고 있는 시대의 대부분 사람들이 생각하고 살아가는 방식을 거스르면서까지 자신이 믿는 진리를 고수한다는 것은 말처럼 쉬운 일은 아닙니다. 남들은 다 붉은색이라고 하는데 나 혼자 파란색이라고 신념 있게 주장하기란 결코 쉽지 않습니다. 힘들게 고민할 것 없이 그냥 나도 남들처럼 붉은색이라고 말해 버리면 모든 것이 편안해질 텐데……

하지만 일단 그것이 붉은색이 아니라 파란색이라는 '진리'를 알고 나면 파란색인 것을 붉은색이라고 말하는 것에 대해 왠지 마음 깊은 곳에서부터 거부감이 느껴집니다. 남들이 아무리 붉은 색이라고 해도, 남들이 나에게 붉은 색이라고 말하도록 강요해도, 마음속에서 작은 목소리로라도 "그것은 파란색인데……."라고 되뇌게 됩니다. 이것이 바로 진리의 힘입니다. 죽음이 아닌 그보다 더

한 것으로도 억누를 수 없는 진리의 힘입니다.

예수님이 모욕과 수난을 당당하게 겪으실 수 있던 것, 수많은 순교자들이 인간적인 죽음의 두려움을 이겨 낼 수 있었던 것, 그리고 보우 스님이 서슬 퍼런 유신들의 탄압 속에서 불교 중흥을 위해 목숨을 내걸 수 있었던 것도 오로지 진리를 위해서였던 것입니다.

세상을 향한 길

진정한 사랑과 충서
忠恕

예수님이 우리에게 전해 주고자 했던 가르침 중 가장 중심 의미를 지니는 것은 '사랑'일 것입니다. 하느님의 사랑입니다. 하느님의 사랑이야말로 예수님 자신을 그토록 강렬하게 사로잡은 진리였고, 또 예수님이 우리 모두에게 전해 주고 싶은 진리의 핵심이었습니다.

예수님이 가르쳐 주신 하느님의 사랑은 추상적이고 형이상학적인 사랑이 아닙니다. 우리 인간의 현실 생활 안에서 그대로 확인할 수 있고, 또 우리 모두가 실현해야 할 구체적인 사랑입니다. 따라서 예수님은 우리에게 생활 속에서 실제적으로 하느님의 사랑을 실천할 것을 요구하셨습니다. 그리고 예수님이 제시하시는 사랑 실천의 기본 원리를 다음 성서 구절에서 확인할 수 있습니다.

그러므로 여러분은 무엇이든지 사람들이 여러분을 (위해) 해 주기 바라는 것을 그대로 그들에게 해 주시오. 이것이 율법과

예언자들(의 정신)입니다.(마태 7, 12)

　하느님의 사랑을 실천해야 한다는 것은 알고 있지만, 우리는 간혹 진정한 사랑의 실천을 어떻게 해야 하는 것인지 조금 막연하게 느낄 때가 있습니다. 지금 읽은 성서 구절은 가장 기본적이면서 구체적인 원리를 제시해 줍니다. 내가 좋아하고 받고 싶은 일을 그대로 다른 사람에게 해 주라는 것입니다. 그것이 다른 사람이 가장 좋아하고 원하는 일이고, 다른 사람이 원하는 것을 해 주는 것이 바로 진정한 사랑의 실천이라는 것입니다.

　우리는 간혹 마음으로는 다른 사람을 위한 행동을 한다고 하지만, 그것이 정작 상대방의 뜻과 바람에 맞지 않는 경우를 경험합니다. 내가 생각하기에는 이 일이 바로 저 사람이 원하는 일인 것 같아 그 일을 해 주고 있는데, 정작 그 사람이 원하는 것은 전혀 다른 것일 때가 있습니다. 이런 경우 나는 사랑을 실천했다고 생각하지만, 이것은 진정한 사랑이 아닙니다. 상대방은 전혀 사랑을 느끼지 못했으니까요. 내 중심적인, 자기만족적인 사랑의 실천일 뿐이지 진정한 사랑은 아닙니다. 상대방이 원하는 일을 해 주는 것이 진정한 사랑입니다. 그리고 상대방이 무엇을 원하는지 파악할 수 있는 가장 손쉬운 방법은 나 자신이 원하는 것을 미루어 짐작하는 것입니다.

예수님은 이러한 사랑의 원칙을 좀 더 구체적으로 설명해 주십니다.

그때에 베드로가 다가와서 예수께 "주님, 제 형제가 제게 죄를 지으면 그를 몇 번이나 용서할까요? 일곱 번까지 할까요?" 하고 여쭈었다. 예수께서 그에게 말씀하셨다. "당신에게 이르거니와, 일곱 번까지가 아니라 일흔 번을 일곱 번까지라도 하시오."(마태 18, 32)

예수님이 요구하시는 사랑의 실천은 진정한 용서를 통해 구체화됩니다. 지금 읽은 성서 구절은 진정한 용서가 어떤 것인지를 깨우쳐 줍니다. "일곱 번씩 일흔 번이라도 용서하여라." 한두 번 정도는 어떻게 꾹 참고 용서해 볼 수 있겠지만, '일곱 번씩 일흔 번'은 결코 쉽지 않습니다. 보통 사람들은 감히 엄두도 못내는 어마어마한 수준의 용서입니다. 그래도 진정한 용서라면 이 정도는 되어야 하지 않을까 생각합니다.

이 정도의 용서가 가능하려면 보통 사람의 마음가짐으

로는 힘들 것입니다. 지금 읽은 성서 구절에 바로 뒤이어 '무자비한 종의 비유'(마태 18. 23~35)가 나옵니다. 일만 달란트를 빚진 종이 자비로운 주인에게 하소연해 빚을 탕감받습니다. 그런데 자신에게 백 데나리온을 빚진 동료 종에게는 무자비하게 빚 독촉을 했습니다. 사실 일만 달란트나 되는 빚을 탕감 받았으면서도 백 데나리온밖에 안 되는 자신의 빚은 어떻게 해서든지 받아 내려는 것이 보통 사람의 마음입니다. 나 자신에게는 무한한 자비와 용서가 주어지기를 바라지만, 다른 사람을 대할 때는 그와 같은 자비와 용서를 지니지 못하는 것이 보통 사람의 마음입니다.

유교의 '충서(忠恕)' 개념은 이러한 보통 사람들의 마음을 극복하고 진정한 용서의 마음으로 나아가기 위한 가르침을 줍니다. 예수님이 가르쳐 주신 '일곱 번씩 일흔 번이라도 용서하는 마음'이 어떤 마음인지, 그리고 어떻게 하면 그런 마음이 가능할 수 있는지를 한결 분명히 이해하는 데에 유교의 충서 개념이 도움이 될 수 있습니다.

'충서'란 자신의 정성을 다하여 다른 사람을 이해하는 것을 뜻합니다. '충(忠)'이라는 글자는 '가운데 중(中)'과 '마음 심(心)'이 합해진 글자입니다. '본래의 마음 한가운데로부터 우러나 자기를 극진히 한다.'는 뜻입니다. 그리고

'서(恕)'라는 글자는 '같을 여(如)'와 '마음 심(心)'이 합해진 글자입니다. '자기 마음과 같이 다른 사람들을 대한다.'는 뜻입니다. 자기 자신에게 충실하고 수양을 다하여 자기를 속이지 않는 경지에 이른 것이 '충'입니다. 그 같은 인격과 심성이 다른 사람에게까지 미치어서 자기 자신과 같이 다른 사람을 이해하고 용서할 수 있게 되는 것이 '서'입니다. 자신의 사리사욕에 지배되지 않는 것이 '충'이고, 자기의 이로움으로 다른 사람을 침해하지 않는 것이 '서'입니다.

유교의 대표적인 경전 중의 하나인 『대학(大學)』에서는 이러한 충서의 개념을 다음과 같이 쉽게 풀고 있습니다. "위에서 싫어하는 것으로 아래에다 시키지 말며, 아래에서 싫어하는 것으로 위를 섬기지 말며, 앞에서 싫어하는 것으로 뒤에다 먼저 하지 말며, 뒤에서 싫어하는 것으로 앞을 따르지 말며, 오른쪽에서 싫어하는 것으로 왼쪽을 사귀지 말며, 왼쪽이 싫어하는 것으로 오른쪽을 사귀지 말라." 한 마디로 말해 '자기 자신을 되돌아보아 자기가 하고 싶지 않은 것은 남에게도 시키지 말고, 자기가 하고 싶은 것은 남들에게도 똑같이 해 주라'는 것입니다. 앞에서 읽은 마태 7,12의 말씀과 똑같은 의미를 지닌 가르침입니다.

사실 나 자신이나 다른 사람이나 다 같은 인간들이니 하고 싶은 것도 같고, 하기 싫은 것도 같습니다. 생각하는 것도 같고, 일상적인 행동 유형도 같습니다. 내가 쉽게 잘못을 저지르는 것처럼 다른 사람들도 잘못을 저지르는 것이 흔한 일입니다. 내가 자비와 용서를 받고 싶어 하는 것처럼 다른 사람들도 똑같이 자비와 용서를 받고 싶어 합니다. 결국 모든 상황에서 나 자신의 입장이 그대로 다른 사람들의 입장도 된다는 생각을 할 수 있다면 다른 사람들을 대하는 마음가짐이 한결 너그러워질 수 있습니다. 진정한 용서란 바로 이러한 너그러움에 의해 가능합니다. 그리고 진정한 용서는 진정한 사랑의 가장 구체적인 실천입니다.

이렇게 보면 진리는 전혀 거창하지 않고 생소하지 않습니다. 듣고 보면 지극히 당연하고 자연스러운 것이 곧 진리입니다. 그렇게 자연스럽고 평범한 진리를 우리 보통 사람들은 쉽게 잊어버리곤 하는 것이 문제입니다. 보통 때는 마땅히 그렇게 해야 한다는 것을 잘 알고 있다가도 정작 그 진리를 실천해야 할 상황이 되면 몸과 마음이 그대로 따라주지 않습니다. 하지만 인간은 완성을 향한 머나먼 여정을 계속 걸어가고 있는 존재입니다. 비록 당장은 완전함을 이루지 못하더라도 늘 진리를 향해 깨어 있다는 사실이 중요합니다.

이웃 사랑과 연기
緣起

예수님의 가르침은 모든 사람을 위한 것이었습니다. 그 중에서 특히 가난하고 소외받는 사람들이 예수님의 관심 대상이었습니다. 예수님은 평소 세상 사람들이 가까이하기를 꺼리고 멸시했던 사람들과 아무런 허물없이 어울리셨습니다.

예수께서 다시 호숫가로 나가시자 군중이 모여 왔고, 예수께서 그들을 가르치셨다. 그리고 거리를 지나가다가 알패오의 아들 레위가 세관에 앉아 있는 것을 보고 "나를 따르시오." 하시자, 그가 일어나 따라왔다. 그리고 그의 집에서 잡수시게 되었는데, 많은 세리와 죄인이 예수와 그분 제자들이랑 더불어 먹었다. 많은 사람이 예수를 따라 왔기 때문이다. 바리사이파 율사들이 예수께서 죄인과 세리랑 어울려 잡수시는 것을 보고 제자들에게 말했다. "저분은 세리와 죄인이랑 어울려 먹소?" 예수께서 듣고 말씀하셨다. "의사란 건강한 이가 아니라 앓는 이에게 필요합니다. 나는 의인

이 아니라 죄인을 부르러 왔습니다."(마르코 2, 13~17)

예수님이 '세리와 죄인들'과 아무런 허물없이 지내신 것
은 그들을 똑같은 사람으로 대하셨음을 의미합니다. 그
들을 똑같은 사람으로 대하실 수 있었던 것은 그들을
바라보는 눈이 세상 사람들과 달랐기 때문입니다. 그들
의 겉모습이나 현재의 조건을 보는 것이 아니라, 그들의
인간적인 바탕을 보셨기 때문입니다. 겉모습이나 현재의
상황이 어떻든 예수님에게는 그들도 다 같은 '하느님의
자녀'였습니다.

이러한 예수님의 행적은 우리에게 진정한 '이웃 사랑'이
어떤 것인지를 가르쳐 줍니다. 그리고 이웃이 나에게 어
떤 의미를 지니는지 가르쳐 줍니다. 그들과 한데 어울려
살 수밖에 없고, 그들을 진정한 이웃으로서 사랑할 수밖
에 없음을 깨닫게 합니다. 우리들은 다 같은 '하느님의
자녀'이기 때문입니다. 하느님은 우리 모두가 다 같은 하
느님의 자녀로서 한데 어울려 살아가기를 원하신다는 것
을 예수님은 몸소 행동으로 보이신 것입니다.

예수님이 세리와 죄인들과 어울리신 일은 불교 경전에
나오는 다음과 같은 이야기를 연상시킵니다. 어느 날 오

백 거지가 부처님께 자신들을 승려로 받아 달라고 간청했습니다. 그들은 말했습니다. "자비로운 세존이시여, 우리는 부처님과 승단(僧團) 형제들의 자비로 인해 목숨을 연명할 수 있었습니다. 이제 우리에게 대자비를 베푸시어 승단에 들어갈 수 있도록 허락해 주십시오." 부처님은 그들을 향해 말했습니다. "내가 가르치는 이 법문은 완전히 순수해서 종족이나 계급, 빈부나 선악을 가리지 않는다. 마치 깨끗한 물과 같아 인종이나 계급, 빈부나 선악을 분별하지 않고 씻어 준다. 또한 불과 같아서 산, 바위, 하늘과 땅을 가리지 않고 무엇이나 다 태운다. 내 가르침은 하늘과 같아서 남녀노소를 가리지 않고 모든 이들에게 안식처를 제공한다." 이렇게 해서 부처님은 거지들을 출가 제자로 받아들였습니다. 부처님이 거지들에게 법을 전해 줄 때 그들의 영혼은 바로 해탈(解脫)하여 바로 '깨달은 자'가 되었습니다.

그런데 당시 그 나라의 상류계층 사람들과 부자들 및 왕자는 비천한 거지들이 승단에 가입했다는 말을 듣고서 큰 반감을 가졌습니다. 그들은 이렇게 말했습니다. "우리가 공덕을 쌓기 위해 부처님과 스님들을 청할 때 그 거지들이 우리보다 높은 자리에 앉을 것이고 우리는 그 거지들에게 경의를 표해야 하는데, 그건 정말 모욕적인 일이 아닐 수 없어." 그들은 그 거지들을 아주 멸시했던 것입니다.

어느 날 그 나라의 왕자가 부처님과 승려들을 초대했는데, 그에 앞서 부처님께 이렇게 말했습니다. "세존이시여, 부처님과 스님들은 초대하지만 최근에 출가한 그 거지들은 초대할 수 없습니다." 그 다음날 부처님과 제자들이 그 왕자의 집에 갈 때 부처님은 그 초대받지 못한 승려들에게 말했습니다. "주인은 너희들을 초대하지 않았느니라. 그러니 너희들은 북쪽 땅으로 날아가서 심거나 거두어들이지 않은 들판의 쌀을 가져와서 먹도록 하여라."

그들은 부처님의 지시에 따라 곧바로 북쪽 땅으로 날아갔습니다. 그들 모두 이미 '깨달은 자'가 되었기 때문에 이러한 신통력을 지니고 있었습니다. 그리고는 탁발 그릇에 쌀을 가득 담아 가지고 기러기 떼처럼 아주 우아하게 왕자의 궁전으로 날아왔습니다. 그들은 줄을 지어 앉아 그 특별한 쌀을 먹기 시작했습니다. 그때 왕자는 이 승려들이 아주 우아하게 대열을 지어 하늘에서 날아온 것을 보고 놀라며 부처님께 물었습니다. "세존이시여, 저 장엄하고 당당하며 덕스럽고 성스러우며 지혜로운 자들은 어디서 왔습니까?" 부처님은 말했습니다. "왕자여, 당신은 그들이 누군지 마땅히 알아야 하오. 그들이 누구인지 말해 줄 테니 잘 들어보시오. 그들은 당신이 초대하지 않은 그 승려들이라오. 당신이 그들을 초대하지 않았기에 그들은 북쪽 땅으로 날아가 들판의 쌀을 가지고 와서 먹어야 했다오."

이 얘기를 듣자 왕자는 몸 둘 바를 몰랐습니다. 왕자는 아주 부끄러워하며 자신의 행동을 뉘우쳤습니다. 그리곤 부처님께 말했습니다. "저의 무지한 소치로 그 성인들을 알아보지 못하고 초대하지 않았습니다. 세존이시여, 당신의 공덕은 헤아릴 길이 없습니다. 비록 이 성인들이 이 나라에서는 비천한 거지였지만 세존의 자비로 인해 삶의 희열을 찾게 되었습니다. 영원한 이로움을 얻게 되었지요. 세존이시여, 이 모든 것이 당신이 이 세상에 온 목적입니다."

이 이야기를 통해 우리는 부처님도 예수님처럼 가난하고 비천한 사람들의 편이었다는 것을 알 수 있습니다. 예수님이 "의인이 아니라 죄인을 부르러 왔습니다."라고 하신 것처럼 부처님도 비천한 거지들에게 영원한 이로움을 얻게 하기 위한 것이 이 세상에 온 목적입니다. 그리고 비천한 사람들에 대한 부처님의 배려 역시 예수님처럼 부처님도 그들을 겉모습이나 현재의 조건으로만 보지 않고 그들의 인간적인 바탕을 보셨기 때문입니다. 사람들은 모두 서로에게 소중한 의미와 가치를 지닌 존재들입니다.

사람들이 서로에게 소중하고 가치 있는 존재들이라는 진리는 불교의 연기(緣起) 개념을 통해 더 분명하게 이해할 수 있습니다. '연기'란 인간의 무차별한 욕망을 그 뿌리 차원에서부터 끊어 버리기 위한 가르침입니다. 욕망의 대상인 이 세상의 모든 존재들이 본성적으로 공허하고 무상한 것임을 깨우쳐 주는 개념입니다. 우리가 집착하는 현세의 대상들은 그 어떤 것도 자체로서 독립적인 의미를 지닐 수 없으며, 그저 상호의존적인 관계성에 근거하여서만 존재할 수 있다고 합니다. 이것이 있어야 저것이 있을 수 있고, 저것이 없어지면 이것도 없어질 수밖에 없습니다. 이 세상의 그 어떤 존재도 홀로 독립적인 실체일 수 없습니다. 서로가 서로에게 의존하여 존재할 뿐입니다.

이러한 연기 사상에 근거하면 인간은 모두 서로 얽혀 전체적인 하나의 유기체를 이루고 있는 것으로 이해할 수 있습니다. 마치 커다란 그물과 같습니다. 세세한 부분 하나 하나가 튼튼하게 서로 얽혀 있어야 그물 전체가 온전할 수 있습니다. 어느 한 구석만 풀어져도 그물 전체가 연쇄적으로 풀어지고 맙니다. 우리 인간은 각자 독립적인 존재가 아니라 상호의존적인 존재입니다. 따라서 서로가 서로에게 필요한 존재입니다. 내가 온전해야 나의 이웃도 온전할 수 있고, 나의 이웃이 잘못을 저지르면 그 잘못이 곧 나에게도 문제가 됩니다. 잘난 사람 못난 사람 구분 없이 모두가 소중하고 의미 있는 존재입니다.

이렇게 불교의 연기 개념과 연관하여 생각해 보니 예수님이 하신 말씀의 의미가 더욱 분명하게 드러납니다. "의사란 건강한 이가 아니라 앓는 이에게 필요합니다. 나는 의인이 아니라 죄인을 부르러 왔습니다." 가난하고 소외받는 사람들은 우리 인간들이 서로 얽혀 이루고 있는 커다란 그물에서 헤어지고 풀어진 부분들이라고 할 수 있습니다. 예수님은 우리 인간의 그물을 완전하고 튼튼하게 고치러 오신 분입니다. 헤지고 풀어진 부분 없이 그물 전체가 튼튼하게 서로 얽혀 있기를 바라신 것입니다.

세상의 재물

부(富)와 재물의 문제는 현세를 살아가는 종교인들에게 매우 곤혹스러운 문제 중의 하나입니다. 현세 삶을 영위하기 위해서는 어느 정도의 부와 재물이 필요하고, 가능한 한 좀 더 풍족한 삶의 조건을 원하는 것이 인간의 자연스러운 바람입니다. 하지만 우리가 흔히 생각할 때 종교적 가르침은 이러한 인간의 바람에 역행하는 것 같습니다. 철저한 종교적 삶을 실천하기 위해서는 부와 같은 현세적 가치들로부터 초탈해야 할 것 같습니다. 과연 부와 종교는 서로 조화를 이룰 수 없는 대립적인 가치일까요?

일반적으로 종교라고 하면 이 세상과는 다른 그 무엇을 떠올리게 됩니다. 현세 삶을 초탈하는 가치를 높이 평가하고, 이 세상과 다른 또 다른 세계를 추구하는 것이 종교라고 생각합니다. 전혀 틀린 생각은 아닙니다. 그러나 종교적 신앙이 지나치게 초월성에만 치우치면 위험한 신앙이 되기 쉽습니다. 종교는 본래 인간의 현세 삶과 분리될 수 없습니다. 현세 삶을 살아가는 인간에게 의미를 줄 때 진정 살아있는 종교입니다. 실제로 여러 종교적 가르침 안에는 무조건 세상을 부정하고 거부하는 내용보다는, 올바르게 세상을 살아가기 위한 구체적이고 세부적인 내용들이 더 많이 포함되어 있습니다.

부와 재물에 대해서도 여러 종교에서 각자의 입장에 따른 해석과 가르침을 제시하고 있습니다. 중요한 문제는 그러한 가르침들을 정확히 이해하는 일입니다. 단순히 겉으로 드러난 내용에만 머무르는 것이 아니라, 그 내면적인 의미와 배경까지 이해하는 세밀함이 필요합니다.

그리스도교 신앙의 가장 근원은 '하느님이 창조주이시고 모든 피조물의 통치자이시다.'라는 것입니다. 따라서 만물이 모두 하느님에게 속해 있고 하느님으로부터 온다고 믿습니다. 부와 재물에 대한 기본적인 인식 역시 이러한 맥락에서 이루어집니다. 기본적으로 부와 재물은 하느님에 의해 인간에게 주어집니다. 그런데 하느님이 인간에게 부와 재물을 주시는 데에는 특별한 의미가 담겨 있습니다. 이 의미를 우선 구약 시대로부터 확인할 수 있습니다.

구약 시대에 하느님은 인간과 계약의 징표로 부를 주

셨습니다. 아브라함의 믿음에 대해 후손들의 번성과 부를 약속하셨고, 이집트 탈출 이후 새로이 태어난 하느님의 백성에게 비옥한 땅의 풍요로움을 주셨습니다. 그러나 인간들이 하느님과의 계약을 어기고 하느님의 뜻으로부터 멀어짐으로 인해 땅과 부를 잃고 유배 생활의 고통을 겪어야 했습니다. 결국 '하느님으로부터 주어지는 부'는 하느님이 당신 백성들에게 내리는 축복의 의미이면서 동시에 책임과 의무를 수반했습니다.

어쨌든 구약 시대 처음에는 '선(善)함은 부, 악(惡)함은 빈곤'이라는 이해를 지니고 있었습니다. 그런데 후대로 가면서 이러한 이해에 변화가 생겼습니다. 거꾸로 부는 악함과 같은 뜻이고, 가난함은 의롭고 경건함을 의미하게 되었습니다. 욥기와 시편의 여러 곳을 보면 의롭고 경건한 사람이 현실적으로 곤궁한 처지에 처하고 사악한 사람들이 부와 권력을 누리는 상황이 묘사되고 있습니다. 이러한 내용은 당시의 사회 경제적인 상황을 그대로 반영한 결과라고 할 수 있습니다. 종교가 점차 세속화되면서 제사장 계급을 비롯한 특정 귀족 계급들에게 부와 권력이 집중되었습니다. 이런 상황에서 부와 권력에 대한 부정적인 인식이 형성되었던 것으로 이해할 수 있습니다.

구약 시대의 이러한 변화를 통해 부와 재물에 대한 부정적인 가르침이 부와 재물 자체에 대한 평가의 결과로서 형성된 것이 아니라는 사실을 확인할 수 있습니다. 본래 의미에서의 부와 재물은 하느님으로부터 인간에게 주어지는 축복의 선물입니다. 그 자체로서 기쁘고 선한 일입니다. 부와 재물에 대해 부정적인 가르침이 나오게 된 것은 부와 재물 그 자체를 부정하는 것이라기보다, 부와 재물에 대한 인간의 태도를 경고하기 위함이었던 것입니다.

부가 가진 위험성에 대한 경고는 예수님의 가르침에서 더욱 강조되고 있습니다. 예수님은 "부자가 하느님 나라에 들어가기 어렵다.", "사람이 하느님과 재물을 함께 섬길 수 없다."는 등의 내용을 통해 부와 재물에 대한 부정적인 가르침을 제시하셨습니다. 그러나 이 내용 역시 당시 특정 계급의 사람들에게 부가 집중되는 현상, 부에 집착하는 사람들이 더욱 정당치 못한 방법으로 부를 축적하고 운영하는 상황 등을 비난하는 뜻으로 이해할 수 있습니다. 부와 재물에 관련한 인간의 잘못된 태도를 경고한 것이지, 부와 재물 자체를 부정하고 사악한 것으로 규정하지는 않은 것입니다.

부가 인간을 위험에 빠뜨릴 수 있는 이유는 부로 인해 지혜의 눈이 멀고 진정한 가치를 알아보지 못하게 될 수 있기 때문입니다. 예수님의 말씀이 이 점을 잘 나타냅니다. "어떤 탐욕에도 빠져들지 않도록 조심하여라. 사람이 제 아무리 부요하다 하더라도 그의 재산이 생명을 보장해주지는 못한다."(루가 12. 15~16) 사람이 재물에 속박당할 수 있다는 것, 사람을 노예화하여 하느님과 그의 나라에 대한 신앙을 파괴시킬 수 있는 위험성을 재물이 지니고 있음을 경고하십니다. 이것이 부와 재물에 대한 그리스도교 가르침의 내면적인 의미입니다.

공자도 일단 부에 대한 인간의 욕망을 자연스러운 것으로 긍정했습니다. 그렇지만 무조건적이고 무분별한 부의 추구를 긍정한 것은 아닙니다. 인간에게 기본적인 부의 필요성을 긍정하면서도 한 가지 분명한 원칙을 제시했습니다. 『논어』에 다음과 같은 내용이 나옵니다. "부(富)와 귀(貴)는 누구나 바라는 것이다. 그러나 도리에 맞게 얻은 것이 아니라면 그 곳에 계속 머무르지 않는다." 현실적으로 인간에게 부가 중요하고 필요한 것은 인정하지만, 그렇다고 도리에 어긋나게 수단을 가리지 않고 얻는 부귀까지 긍정하지는 않습니다. 부를 추구하는 것 자체가 잘못은 아닙니다. 문제는 도리에 어긋나게 부를 추구하는 것입니다. 부 자체는 긍정적인 요소이지만 그렇다고 해서 부가 근본적인 도리보다 우선할 수는 없습니다. 세상의 근본적인 이치와 인간의 도리가 부보다 우선하는 가치입니다.

부와 재물에 대한 공자의 분명한 원칙은 '안빈낙도(安貧樂道)'의 가르침에서 한층 분명하게 드러납니다. 가난의 문제와 관련하여 공자는 가난을 두 가지로 구분했습니다. '자기로 인한 가난'과 '자기에게 원인이 없는 가난'입니다. "빈곤과 천함은 사람들이 증오하는 것이다. 그렇지만 이치에 맞게 얻은 것이 아니라면 피하지 말아야 한다." 자신의 게으름이나 옳지 못한 품성으로 인해 초래된 가난과 비천함은 마땅히 자기 스스로 원인을 극복하고 벗어나려 노력해야 합니다.

하지만 세상에는 자신에게 문제가 없는데도 가난하고 비천해지는 경우가 있습니다. 공자에 따르면 그것은 세상에 올바른 도(道)가 구현되지 못했기 때문입니다. 자신에게는 문제가 없는데, 세상이 올바르지 못한 탓에 주어지는 가난과 비천함은 피하지 말고 그대로 받아들여야 합니다. 그러한 가난은 결코 부끄러운 일이 아닙니다. 세상이 올바르지 못한 상황에서 부귀를 얻으려면 분명 도리에 어긋나는 방법에 의존해야 합니다. 그렇게 얻는 올바르지 못한 부귀를 누리느니 차라리 가난한 가운데 올바른 도를 따르는 삶을 즐기는 것이 옳은 길입니다. "세상에 도가 있는데 가난하거나 천하다면 수치다…… 세상에 도가 없는데 부유하거나 귀한 것은 수치다."

결국 공자는 부의 현실적인 필요성과 자연스러움은 인정하면서, 그것이 도라고 하는 더욱 궁극적인 기준에 의해 올바르게 운용(運用)되기를 원했습니다. 이러한 가르침에는 분명 부가 지니는 위험성에 대한 경계가 전제되어 있습니다. 부의 위험성에 빠져 도에 어긋나는 삶을 사느니 차라리 가난 속에서 도와 예(禮)를 즐기며 살라는 것이 공자의 가르침입니다. 그만큼 부가 지니는 위험성이 크고 유혹적이라는 사실을 역설적으로 강조하는 것이라고 이해할 수 있습니다.

부에 대한 여러 종교들의 가르침은 분명한 공통점을 지니고 있습니다. 일단 현실적으로 인간에게 필수불가결한 것이라는 점에서는 부를 긍정합니다. 그러나 동시에 부에 대한 분명한 원칙을 요구합니다. 정당하고 도리에 맞게 모아야 하고, 또한 부 자체에 속박당해서는 안 됩니다. 여러 종교에서 부와 재물에 대한 부정과 거부의 가르침들을 제시하고 있는 것은 그만큼 부가 인간에게 끼칠 수 있는 위험성이 크기 때문입니다. 부와 재물의 노예가 되어 인간성을 상실하고, 궁극적인 진리로부터 멀어지게 될 수 있는 위험성을 경계합니다. 결국 부는 인간에게 필요하면서도 위험합니다. 부가 초래할 수 있는 위험성을 잊지 않을 때 부가 가져다주는 유익함이 더욱 값을 발할 수 있습니다.

현세 삶의 행복

'행복'이란 말은 어느 하나로 고정시켜 정의할 수 없습니다. 누구나 행복을 바라지만, 구체적으로 어떤 것을 행복이라고 하는지는 여러 사람들의 말이 다릅니다. 어느 한 순간 스쳐지나가듯 느껴지는 행복이 있고, 더욱 지속적으로 누리는 행복도 있습니다. 행복을 이루기 위한 방법도 여러 가지입니다.

예수님은 우리에게 이런 행복을 제시하셨습니다.

복되도다, 영으로 가난한 사람들!
하늘 나라가 그들의 것이니.
복되도다, 슬퍼하는 사람들!
위로를 받으리니.
복되도다, 온유한 사람들!
땅을 상속받으리니.
복되도다, 외로움에 굶주리고 목마른 사람들!

배부르게 되리니.

복되도다, 자비를 베푸는 사람들!

자비를 입으리니.

복되도다, 마음이 깨끗한 사람들!

하느님을 뵙게 되리니.

복되도다, 평화를 이룩하는 사람들!

하느님의 아들이라 일컬어지리니.

복되도다, 의로움 때문에 박해를 받는 사람들!

하늘 나라가 그들의 것이니.(마태 5, 3~10)

그 유명한 '진복 선언'입니다. 들을 때마다 마음이 평안해지는 아름다운 내용입니다. 세상일에 지치고 상처받은 마음을 포근하게 감싸 주는 따뜻한 내용입니다. 예수님의 행복 선언에서 우리가 이런 위로를 느낄 수 있는 것은 우리가 현세 삶에서 뒤쫓는 행복과 전혀 다른 방향의 것이기 때문입니다. 더 나아가 우리들이 현세적으로 설정해 놓은 기준의 행복이 행복의 전부는 아니라는 사실을 새삼 깨우쳐주기 때문입니다. 행복의 의미를 새롭게 새겨 보는 것입니다.

과연 우리들은 어떤 행복을 원하고 있을까요? 우리말

사전에서는 행복이라는 말을 "심신의 욕구가 충족되어 조금도 부족감이 없는 상태"라고 설명하고 있습니다. 일단 이 설명을 기준으로 삼았을 때, 전통적으로 우리나라 사람들은 어떤 욕구가 충족되기를 바랐는지를 살펴보는 것이 우리들의 행복 개념을 성찰해 볼 수 있는 좋은 실마리가 됩니다.

전통적인 한국인들이 충족되기를 원했던 욕구를 함축적으로 표현하고 있는 것이 '복(福)'이라는 개념입니다. 복이라는 말은 한국인들에게 매우 친숙한 개념입니다. 한국인들의 삶에 관련된 여러 가지 풍습이나 언어 습관에서 복과 관련된 내용을 쉽게 발견할 수 있습니다.

한국인들이 간절히 원했던 복의 내용을 크게 네 가지 범주로 정리할 수 있습니다. '건강하게 오래 사는 것〔壽〕', '물질적으로 부족함 없이 풍요롭게 사는 것〔富〕', '세상에서 고귀한 존재가 되는 것〔貴〕', '자손, 특히 아들을 많이 낳는 것〔多男〕'의 네 가지입니다.

먼저 '수(壽)'의 복을 바라는 것은 말 그대로 현세에서 오래도록 사는 것을 의미합니다. 영원히 죽지 않을 수 있는 신비한 영생(永生)을 바란다든가, 이승이 아닌 저승에서의 무한한 삶을 추구하는 것과는 다른 내용입니다.

"개똥밭에 굴러도 이승이 좋다."는 말에 이러한 현세적인 삶을 중요하게 생각하는 한국인들의 전통적인 의식이 담겨 있습니다.

두 번째 '부(富)'의 복을 바라는 것은 현세의 삶을 살면서 물질적으로 부족함 없이 풍족하기를 바라는 것을 의미합니다. "돈이 없으면 적막강산이요, 돈이 있으면 금수강산이다."라는 말이 이 같은 부에 대한 바람을 여실히 보여 줍니다.

세 번째 '귀(貴)'의 복을 바라는 것은 근본적으로 가치 있는 삶을 살고자 하는 의식이 반영된 것입니다. 하지만 실제로 한국인들이 생각했던 귀한 삶은 현세에서 높은 벼슬에 오르는 것을 의미했습니다. 높은 벼슬에 올랐다는 것이 곧 가치 있는 사람이 되었음을 의미하는 것으로 생각했습니다.

마지막 '다남(多男)'의 복은 많은 자손, 특히 많은 아들들을 통해 번창한 가족을 이루는 것을 의미합니다. 많은 아들들을 중심으로 번창한 가족을 이룸으로써 현세적인 풍요와 행복을 바라는 것입니다. 그뿐만 아니라 아들들을 통해 가족의 대(代)가 계속 이어졌으면 하는 바람도 담겨 있습니다. 살아 있는 동안에는 물론 죽은 후에도 자신의 가족을 통해 행복이 계속 이어지기를 바라는 것입니다.

이렇게 복의 개념을 통해 볼 때 전통적인 한국인들이 원했던 행복은 현실 삶 안에서의 구체적이고 직접적인 행복입니다. 현실 삶 안에서의 구체적이고 직접적인 행복을 바라는 것은 인간으로서 지극히 자연스럽고 당연한 것이라고 할 수 있습니다. 그러나 인간은 현세적이고 물질적인 욕구만 지닌 것은 아닙니다. 더욱 궁극적이고 근원적인 가치를 추구하기도 합니다.

전통적인 한국인들 역시 오로지 현세적인 행복에만 관심을 갖고 있었던 것은 아닙니다. 소박하고 자연스러운 인간으로서 현세적인 행복이 충족되기를 간절히 원하면서도 다른 한편으로는 현세적이고 물질적인 조건을 넘어서는 차원에서의 행복도 중요하게 생각했습니다. 두 차원이 서로 충돌할 때에는 오히려 물질적인 차원을 단호하게 포기하고 더욱 궁극적인 차원을 선택하는 것이 더 크고 가치 있는 행복이라고 생각하기도 했습니다.

전통적인 한국인들이 궁극적인 차원에서의 행복을 중요하게 생각했다는 사실은 '선비〔士〕' 개념을 통해 명확히 확인할 수 있습니다. 선비라고 하면 권위적이고 보수적인 귀족 지배 계급이라는 부정적인 이미지가 떠오르기도 합니다. 하지만 그 본래 의미는 깊이 있는 신념을 지니고 궁극적인 가치를 추구하는 인간을 뜻합니다.

『논어』에서 "선비는 넓고 꿋꿋하지 않을 수 없다. 임무가 무겁고 갈 길이 머니 인(仁)을 자기의 임무로 삼는다." 라고 하였고, "선비는 위급함을 보면 목숨을 내걸고, 이득을 보면 의로운가를 생각한다."라고 했습니다. 또한 『맹자(孟子)』에서는 "선비는 곤궁해져도 의(義)를 잃지 않고, 세속적인 성공을 해서도 도(道)를 떠나지 않는다."라고 했습니다.

현세적이고 물질적인 조건보다는 궁극적인 올바름을 자신의 삶의 가치 기준으로 삼는 이상적인 인간상이 선비입니다. 비록 현실적으로 불우한 상황에 처하고 물질적으로 곤란한 조건에서 산다고 해도 그같이 곤궁한 삶을 불행한 삶으로 생각하지 않습니다. 오히려 궁극적 가치로서 도를 따르는 삶을 행복한 삶으로 느낍니다. 이른바 '안빈낙도'의 삶입니다.

이처럼 전통적인 한국인들은 현세적인 행복과 궁극적인 행복 모두에 대한 분명한 인식을 지니고 있었습니다. 그렇다면 전통적인 한국인들은 이러한 행복을 어떻게 얻을 수 있다고 생각했을까요? 우선 궁극적인 차원에서의 행복은 내면적인 깨달음과 성숙을 필요로 한다는 점에서 부단한 자기 성찰과 수양을 통해 이룰 수 있습니다. 스스로의 노력을 통해 얻을 수 있는 행복입니다.

현세적이고 물질적인 행복에 있어서도 기본적으로는 스스로 노력하면 원하는 행복을 누릴 수 있다고 생각했습니다. 현세적인 행복을 얻기 위한 개인적인 노력 가운데 특히 중요하게 생각했던 조건은 내면적인 도덕성입니다. 전통적인 문학 작품들에서 확인할 수 있는 한국인들의 의식은 정직하고 착하게 살려고 노력한 사람들이 결국 행복한 삶을 살게 된다는 것입니다.

이러한 의식은 단지 권선징악(勸善懲惡)적인 의미만이 아니라 근본적으로 한국인들이 도덕적인 궁극 원리에 대한 분명한 인식을 지니고 있었다는 사실을 뜻합니다. 이 세상은 도덕적으로 선(善)인 궁극 원리에 의해 운행되고 있다고 생각했습니다. 비록 지금 당장 전개되는 세상의 모습이 올바르지 못하더라도 결국에는 도덕적인 궁극 원리에 의해 의로움과 선함이 구현될 것이라는 믿음을 지니고 있었습니다. 전통적인 한국인의 행복관은 이러한 궁극적 진리에 대한 믿음에 기초하고 있습니다.

예수님이 제시하신 행복은 분명 현세적인 기준에서의 행복과 반대되는 것입니다. 예수님이 제시하신 행복과 정반대의 행복이 현실적으로는 더 풍족한 삶입니다. 예수님이 제시하신 행복의 기준대로 살다보면 요즘 같은 세상에서는 바보라든가 무능력하다는 소리를 듣기 쉽습니다. 그렇지만 예수님의 행복 선언이 우리 마음을 더 뿌듯하게 만들어줍니다. 예수님이 제시한 행복이 바로 궁극적 진리에 기초한 행복이기 때문입니다.

예수의 길, 셋

진리의 올바른
이해를 위하여

죽음의 이해

얼마 뒤 예수께서 나인이라는 고을로 가시게 되었는데 제자들과 많은 군중이 따라갔다. 고을 성문 가까이 이르렀을 때, 마침 사람들이 관을 메고 나오는데 죽은 이는 외아들이고 그 어머니는 과부였다. 고을의 많은 무리가 과부와 함께 뒤따르고 있었다. 주님이 과부를 보고 측은히 여겨 "울지 마시오." 하시고는 다가가 관에 손을 대시니, 메고 가던 사람들이 멈추어 섰다. 그리고 "젊은이, 내가 이르노니, 일어나거라." 하시자 죽은 사람이 일어나 앉으며 말을 하기 시작했다. 예수께서 그를 어머니에게 돌려주셨다. 모두들 두려움에 사로잡혀 하느님을 찬양했다. "우리 가운데 큰 예언자가 나타났다. 하느님이 당신 백성을 찾아오셨다." 이 소문이 온 유대와 주변 모든 고장에 퍼져 나갔다.(루가 7. 11~17)

이 성서 구절에서 예수님은 죽은 사람을 되살리는 엄청난 기적을 행하십니다. 성서의 기록에 따르면 예수님은 여러 기적을 행하셨습니다. 이런 기적 이야기들은 그 자체로서 할 이야기가 많습니다. 그래도 지금은 기적 이야기 말고 '죽음'에 관해 이야기해 보려고 합니다.

이 세상에 태어난 인간이라면 누구나 불가피하게 부여받은 운명이 한 가지 있습니다. 바로 죽음입니다. 어떤 환경에서, 어떤 모습으로, 어느 정도 양과 질의 삶을 살아갈 것인가에 관련된 운명은 수많은 인간들이 각양각색으로 부여받고 태어납니다. 그러나 종국에는 이 삶을 끝내야만 한다는 운명은 그 어느 누구에게도 예외일 수 없습니다. 인간은 그 끝을 죽음이라고 이름 붙였습니다.

인간은 죽음을 싫어합니다. 죽음이 자신에게 친숙했던 삶으로부터 자신을 제외시키기 때문입니다. 자신이 지금까지 직접 보고 느끼고 맛볼 수 있었던 이 삶, 좋으나 싫으나 그래도 이제까지의 다정다감한 느낌이 이곳 저곳에 깃들어 있는 이 삶을 더 이상 나의 것이 아닌 것으로 만드는 것이 죽음입니다.

더 나아가 인간은 죽음을 두려워합니다. 죽음에 관해 아무것도 모르기 때문입니다. 인류 최초의 고대인이나 첨단 과학 문명으로 무장한 현대인이나 죽음 앞에서는 그저 무기력한 존재입니다. 죽음을 극복해 보려고, 최소한 그것에 대해 좀 더 정확히 알아보려고 무던히 노력했지만 확실해진 것은 아무것도 없습니다.

그래도 인간은 포기하지 않고 끊임없이 죽음에 맞서 봅니다. 죽음이 주는 막연함과 두려움으로부터 벗어나서 어떤 형태로든 죽음이라는 운명을 극복해 보려고 합니다. 죽음이라는 운명을 그저 소극적이고 수동적으로 맞으려 하지 않습니다. 피할 수 없이 죽음을 맞게 되더라도 그 앞에서 의연해지려 합니다. 단순히 이 삶의 끝이라는 절망에 그치지 않고 그 이상의 어떤 의미를 찾으려 합니다. 이 삶의 끝이라는 상실감을 극복할 수 있는 더 한층 궁극적인 의미, 죽음을 넘어서는 궁극적인 의미를 죽음으로부터 찾으려 합니다.

먼저 고대인들은 죽음을 기본적으로 더러운 것, 악령으로 인한 것으로 생각했습니다. 그러나 고대인이 지니고 있던 죽음에 대한 생각은 단순히 부정적인 의미에서 끝나지 않습니다. 죽음에 대한 한결 깊이 있는 의미는 그들의 사회생활 전반을 이끌던 '통과의례(通過儀禮)'를 통해 확인할 수 있습니다. 특히 미성년자를 한 사람의 정당한 사회 구성원으로 인정하는 '성인식(成人式)'에서 그 의미를 뚜렷이 확인할 수 있습니다.

성인식에서 성인이 되려는 미성년자는 실제 죽음과 동일한 의미를 지니는 상징적인 행위 과정을 거치게 됩니다. 이를 통해 미성년자로서의 인간 존재는 죽고, 그 죽음의 시련을 성공적으로 견딘 결과로서 당당한 성인으로 거듭 태어납니다. 상징적인 죽음은 공동체의 정당한 일원으로서 거듭 태어나기 위한 필수적인 과정입니다. 이러한 의례를 통해 고대인들은 죽음을 더 완전한 삶의 단계로 넘어가기 위한 적극적인 의미로 이해했다는 사실을 확인할 수 있습니다. 죽음을 부정적인 소멸이 아니라 오히려 신비스러운 생명의 힘을 지니는 것으로 이해했습니다. '죽음을 통한 거듭 태어남'입니다.

불교에서는 죽음 자체나 죽음 이후의 존재에 관해서는 직접적인 관심을 보이지 않습니다. 불교에서 초점을 맞추는 것은 죽음에 대한 새로운 차원의 인식입니다. 삶의 문제로 번민하지 않고 죽음에도 흔들리지 않는 '참 존재'에 대한 추구입니다. 삶과 죽음의 문제가 주는 고통과 번뇌를 극복한 경지, 이것이 불교의 이상(理想)인 열반(涅槃)입니다.

불교에서의 죽음 극복은 불교의 근본 교리인 공(空)의 진리에 근거하여 이루어집니다. 이 세상에 존재하는 모든 것은 불변하는 실체가 없으며[空], 따라서 애당초 생겼다고 말할 수 있는 것도 없고 사라졌다고 말할 수 있는 것도 없습니다. 늙음도 죽음도 없습니다. 한마디로 불교에서는 삶이 곧 죽음이요 죽음이 곧 삶입니다. 애당초 구별이 없습니다.

불교적 논리에 따르면 현실 삶의 진상은 사실 아무런 실체도 없는 헛된 현상들일 뿐입니다. 인간의 태어남과 죽음이라는 것도 그 실상은 헛된 것들이 생겨나고 사라지는 것일 뿐인데, 그로부터 아쉬워하고 집착하고 고통스러워할 것이 없습니다. 결국 불교에서는 죽음이라는 인간의 숙명을 마주 대하면서 그로부터 더욱 궁극적인 진리를 깨닫습니다. 죽음의 두려움이나 막연함에 그저 압도당하기만 하는 것이 아니라, 오히려 궁극적인 진리를 깨닫는 계기로 승화시킵니다.

그리스도교에서는 일단 죽음을 인간 생명의 자연스러운 상태로 보지 않습니다. '죄'로 인해 주어진 비정상적인 것으로 이해합니다. 죽음은 인간의 죄에 대한 하느님의 심판입니다. 그런데 동시에 죽음은 하느님의 권능 아래 있고 하느님의 도구로 기능합니다. 인간에게 죽음이라는 부정적인 요소를 부여한 것도 하느님이고, 죽음의 속박을 해제시킬 수 있는 능력과 권한도 하느님에게 있습니다.

따라서 그리스도교에서는 죽음이 결코 부정적인 의미만을 지니지 않습니다. 죽음은 한 계기일 뿐입니다. 죽음은 죽음을 주관하시는 하느님 안에서 새로운 생명으로 전환을 이룰 수 있는 계기가 될 수 있습니다. 죽음의 숙명에 내던져진 인간 존재를 다시 영원한 생명으로 이끌어 주시는 '생명의 주' 하느님이 계시기에 죽음은 오히려 영원한 존재로 거듭 태어날 수 있는 계기가 됩니다. 이러한 신앙을 지닐 때 삶과 죽음은 서로 대립하는 것이 아니라 하느님의 구원 과정 속에 있는 한 계기로서 의미를 지닐 수 있습니다.

이밖에도 여러 종교에서는 죽음의 문제에 대한 그들 나름대로의 가르침을 제시합니다. 여러 종교는 각각 다른 시대와 문화권에서 형성되었기 때문에 어쩔 수 없이 서로 다른 모습을 보이기도 합니다. 그러나 우리는 그 같은 표면적인 다름을 넘어서 더 심층적인 차원에서 공통적인 기본 구조를 확인할 수 있습니다. 죽음에 대한 여러 종교의 가르침에서도 공통적인 내용을 발견할 수 있습니다.

먼저 죽음을 심각한 현실로 직시합니다. 결코 죽음이라는 숙명을 회피하거나 가벼운 문제로 만들지 않습니다. 그러나 동시에 죽음이 주는 일차적인 공포감에 그대로 압도당하지 않습니다. 인간에게 죽음이 피할 수 없는 숙명이라는 사실을 인정하면서, 동시에 그것이 그만큼의 필연적인 의미를 지니고 있음을 파악합니다. 종교적 인간은 유한성을 넘어 궁극적인 완성을 추구합니다. 죽음은 종교적 인간이 유한성을 넘어서는 결정적인 계기가 됩니다. 역설적이지만, 인간의 유한한 존재가 반드시 죽어야만 완전한 존재로 다시 태어날 수 있습니다. 죽음은 참생명, 더욱 영원하고 자유로운 존재로 거듭 태어나기 위해 거쳐야 하는 필연적인 과정이라는 의미를 지닙니다.

처음에 읽은 성서 구절에서 우리는 죽음에 대한 예수님의 태도를 간접적으로나마 추론해볼 수 있습니다. 예수님은 죽음에 대해 장황한 설명을 하지 않습니다. 죽음 앞에서 호들갑을 떨지도 않습니다. 다만 아들을 잃고 슬퍼하는 어머니를 보고 측은해하십니다. 과부인 그 어머니에게 외아들이 어떤 의미였는지를 충분히 알 수 있었기에 측은함이 더 크셨을 것입니다. 그래서 예수님은 "그 아들을 어머니에게 돌려주십니다."

물론 죽은 사람을 되살리신 예수님은 삶과 죽음을 주관하시는 하느님의 능력과 권한을 드러낸 것이라고 할 수 있습니다. 그런데 여기에서 우리는 예수님이 죽음 자체에 얽매여 있지 않다는 점에 주목할 필요가 있습니다. 죽음은 그저 이렇게 했다가 다시 저렇게 할 수도 있는 것처럼 보입니다. 예수님이 정작 신경을 쓰신 것은 외아들을 잃고 슬퍼하는 어머니입니다. 죽음 자체는 아닙니다. 예수님 자신은 이미 '죽음을 통한 거듭 태어남'의 진리, 즉 인간의 유한한 존재가 반드시 죽어야만 완전한 존재로 다시 태어날 수 있다는 진리를 깨달은 분이기 때문입니다. 예수님은 이미 죽음을 극복하신 분이기 때문입니다. 이름이 기억나지는 않지만, 어떤 사람이 이런 말을 했습니다. "죽기 전에 죽을 수 있는 사람은 죽지 않을 것이다."

계명[율법]의 참된 의미

모든 종교에는 계명 혹은 율법이 있습니다. 계명은 사람
이 마땅히 살아나가야 할 원칙과 기준을 제시해 줍니다.
사람이 살면서 지켜야 할 원칙을 제시하고 있는 점은 종
교적 계명만이 아니라 세속적인 법률도 마찬가지입니다.
그런데 종교적 계명은 세속의 법률과 다른 의미를 지닙니
다. 그 근거가 초월적 진리라는 점입니다. 사람들이 협의
하여 제정된 세속적 법률과는 달리, 종교적 계명은 초월
적 진리에 근거하여 이루어졌습니다. 초월적 진리가 우리
에게 궁극적인 의미를 지닌다는 신앙에 근거하여, 초월적
진리에 부합하는 삶의 구체적인 방향과 원칙을 제시하고
있는 것이 종교적 계명입니다.

이렇게 볼 때 종교적 계명은 우리를 초월적 진리로 이
끌어 주는 구원론적 의미를 지닙니다. 우리의 삶을 진리
안에서 자유롭고 평화롭게 완성시켜 주는 의미를 지니고
있습니다. 그런데 우리는 종종 종교적 계명이 부담스럽게

느껴질 때가 있습니다. 우리의 삶을 자유롭고 평화롭게 해 주는 것이 아니라, 오히려 속박하고 불행하게 만든다고 느낄 때가 있습니다. 계명의 속박이 싫어 종교 생활을 하고 싶지 않다는 사람도 있습니다. 이렇게 우리의 삶을 속박하는 거추장스러운 것이 본래 의미에서의 계명은 아닐 텐데……

성서를 보면 예수님도 계명에 대해 그저 좋은 생각만을 지니신 것은 아니었던 것 같습니다. 당시 유대인들의 삶을 이끌던 계명에 대해 예수님이 정면으로 도전하는 장면을 여러 번 볼 수 있습니다. 율법학자들과 논쟁도 여러 번 있었습니다.

바리사이들과 예루살렘에서 온 율사 몇이 예수께 몰려왔는데, 그분 제자들이 더러 부정한 손, 곧 씻지 않은 손으로 빵을 먹는 것을 그들이 보았다. 본디 바리사이와 모든 유대인은 조상 전통을 지켜, 한 움큼 물로라도 손을 씻지 않고는 먹지 않는다. 시장에서 돌아와서도 몸을 씻지 않고는 먹지 않는다. 그 밖에도 지켜야 할 전통이 많이 있으니, 잔이나 옹자배기, 놋그릇이나 침대 따위도 노상 씻는다. 그래서 바리사이와 율사들이 "어째서 당신 제자들은 조상 전통을 따르지 않고 부정한 손으로 빵을 먹습니까?" 하고 묻자 예수께서 말씀하셨다. "이사야가 위선자인 당신들을 두고 잘도 예언했으니, 이렇게 씌어 있습니다. '이 백성이 입술로는 나를 섬기지만, 마음은 멀리 떠나 있도다. 헛되이 나를 떠받드나니, 사람의 계명을 가르치기 일삼는도다.' 당신들은 하느님 계명을 버리고 사람 전통을 지킵니다."(마르 7, 1~8)

이 성서 구절과 같은 맥락의 내용을 전하고 있는 마태오복음(23, 13~33)과 루가복음(11, 37~52)에서는 예수님이 더 강한 어조로 율사와 바리사이들을 위선자로 비난하면서 그들을 불행한 사람들이라고 지칭하고 있습니다. 이외에도 이혼을 쉽게 인정하던 유대 계명을 비난하면서 남자와 여자를 똑같은 인격체로 존중하신 일(마르 10, 1~9), 안식일 계명과 관련하여 안식일이 사람을 위해 생겼지 사람이 안식일을 위해 생기지 않았음을 밝히신 일(마르 2, 23~28) 등에서 당시의 종교적 계명에 대한 예수님의 비판적인 생각을 확인할 수 있습니다. 더 나아가 예수님은 진정한 계명이 어떤 것인지를 분명하게 제시하셨습니다(마르 12, 28~34). "온 마음으로 하느님을 사랑하라, 이웃을 너 자신처럼 사랑하라." 이 계명이야말로 우리를 초월적 진리이신 하느님에 부합하는 삶으로 이끌어 주는 진정한 계명이라는 것입니다.

결국 종교적 계명에 대한 예수님의 생각을 이렇게 정리할 수 있습니다. 예수님은 의미를 상실하고 형식만 남아 사람을 속박하고 불행하게 만들고 있는 계명을 비판하셨습니다. 예수님은 가식적인 껍데기인 '거짓 계명들'을 모두 파기시킴으로써, 인간을 자유롭고 평화롭게 이끄는 '참 계명'의 의미를 밝게 드러내셨습니다.

종교적 계명에 대한 예수님의 분명한 가르침은 유교의 예(禮)에 관한 논의를 통해 더 폭넓게 이해할 수 있습니다. 흔히 유교는 예를 중시하는 것으로 알려져 있습니다. 그리고 유교의 예를 단지 형식이나 의례, 규정 등의 좁은 의미로만 이해하는 경향이 있습니다. 그래서 유교는 형식적이고, 고리타분하고, 권위적이고, 번잡하기만 하다는 부정적인 인상을 지니곤 합니다.

하지만 유교의 예 역시 그 안에 담긴 본래의 의미를 상실하면서 지나치게 형식화되고 가식적인 껍데기만 남아버렸다는 문제점을 지니고 있습니다. 유교의 예는 본래 풍부한 종교적 의미를 지니고 있습니다. 예(禮)라는 글자는 示와 豊을 모은 것입니다. 먼저 示는 二와 小를 합친

것인데, 二는 본래 상(上)을 뜻하며 小는 하늘로부터 해
와 달과 별의 광선이 내려 비추는 형상입니다. 그리고 豊
은 曲과 豆를 합친 것으로, 豆는 제기(祭器)이고 曲은 그
릇에 제물을 담은 모습입니다. 종합하면 예라는 글자는
고대로부터 인간이 천신(天神)에게 제사를 드리는 것과
관련한 종교적 의미를 지니고 있습니다. 초월적 존재로서
의 하늘에 대한 인간의 신앙을 담고 있는 것입니다.

초월적인 신에게 제사를 드리는 것은 인간의 입장에서
초월성을 현실 삶 안에 받아들임을 의미합니다. 초월적
인 신이 궁극적 의미를 지닌다는 신앙을 확인하고, 그 신
의 질서와 뜻에 부합하는 삶을 살려는 마음을 표현하는
것이 제사에 담긴 의미입니다. 따라서 하늘에 드리는 제
사의 의미를 담고 있던 예라는 개념은 그대로 인간의 현
실 삶에 적용됩니다. 하늘에 제사를 드릴 때의 체험, 그리
고 제사를 통해 확인한 하늘의 질서와 뜻을 그대로 현실
의 삶을 위한 방향과 원칙으로서 받아들이는 것입니다.
이런 맥락에서 고대 중국인들은 예를 인간의 현실 삶에
있어 가장 중요한 의미를 지니는 질서와 원칙이라는 개념
으로 발전시켰습니다. 초월적 진리에 근거하여 형성된 종
교적 계명이라는 의미가 이루어진 것입니다.

공자는 이러한 고대의 예를 가장 중요하게 생각했습니다. 공자의 가르침을 한마디로 요약한다면, 예에 입각한 인간과 사회의 질서를 완성시키는 것이라고 할 수 있습니다. 인간의 내면적인 차원은 물론이고, 인간들이 모여 사는 사회 전체에 초월적인 진리를 실현시키는 것입니다. 이런 의미에서 공자의 가르침은 깊이 있는 종교적 의미가 있습니다.

공자의 문제의식은 당시에 이러한 예의 본래 의미가 상실되었다는 점에 있었습니다. 공자가 살았던 시대는 이른바 춘추전국 시대라고 하는 극심한 혼란기였습니다. 공자는 그러한 혼란이 바로 예의 본래 의미가 상실되었기 때문이라고 판단했습니다. 당시 사람들과 사회 전체가 예의 질서에 입각한 삶을 살고 있지 않다는 생각입니다. 물론 당시 사람들도 예를 중시하고, 예를 지키기 위해 많은 신경을 썼습니다. 하지만 공자는 그러한 당시 사람들의 태도를 강하게 비판했습니다. 그들이 열심히 지키고 있는 예는 본래 의미를 상실한 가식적 껍데기로서의 예일 뿐이라는 것입니다.

결국 공자는 껍데기만 남아 오히려 인간을 속박하고 불행하게 만들고 있는 예에 새로운 생명과 의미를 불어

넣었습니다. 바로 인(仁)과 의(義)입니다. 인과 의는 초월적인 진리에 따르는 참된 삶을 살기 위한 구체적인 원칙과 방향입니다. 예수님이 형식적인 계명의 껍데기에 온전한 하느님 사랑과 이웃 사랑이라는 참 계명의 의미를 불어넣어 주신 것과 같은 맥락으로 이해할 수 있습니다.

종교적 계명은 초월적 진리에 근거한 것이라는 점에서 인간에게 각별한 의미로 다가옵니다. 세속적인 법률보다 더 강한 설득력과 흡입력을 지닙니다. 그렇기 때문에 종교적 계명이 본래의 의미를 상실하고 형식화되어 버리면 그 영향은 더욱 엄청난 불행으로 이어집니다. 명백히 인간을 불행하게 만들고 있지만, 종교적 권위를 지닌 계명이기에 감히 이에 대한 비판적 문제의식을 지니지도 못합니다. 맹목적인 순종만을 강요받으면서 더욱 깊은 속박과 불행을 경험할 뿐입니다. 종교적 계명이 본래의 의미를 상실하고 형식화되었을 때, 더 이상 인간을 살리는 구원론적 의미를 지니는 것이 아니라 오히려 인간을 죽이는 치명적인 독약이 될 수 있습니다. 더 큰 불행은 그것이 독약으로 변질되었다는 사실조차도 쉽게 인식할 수 없다는 점입니다.

원죄와 무명
原罪   無明

며칠 뒤 예수께서 가파르나움으로 돌아가셨는데, 그분이 집
에 계시다는 소문이 퍼져서 많은 사람이 모여들어 문 앞에도
빈 자리가 없었다. 예수께서 말씀을 들려주고 계신데 마침 네
사람이 중풍 병자를 떠메고 데려왔다. 그러나 군중 때문에 예
수께 다가갈 수 없어서 그분이 계신 곳 위의 지붕을 벗기고 구
멍을 내어, 중풍병자가 누운 침상을 달아 내려보냈다. 예수께
서 그들의 믿음을 보시고 중풍병자에게 말씀하셨다. "그대 죄
가 용서 받았습니다."(마르 2, 1~5)

예수님이 중풍 병자를 고치시는 장면입니다. 성서에는
예수님이 병자들을 고치셨다는 기록이 여러 번 나오는데,
이 장면은 그 중에서도 가장 극적인 느낌입니다. 성서 구
절을 읽는 것만으로도 그 장면이 마치 영화처럼 눈앞에
그려집니다. 이처럼 중풍 병자를 고치신 일 자체도 감동
적이지만, 예수님이 중풍 병자를 치유하면서 하신 말씀이

117

특히 마음에 와 닿습니다. "그대 죄가 용서 받았습니다."

당시에는 병이 드는 것을 죄 때문이라고 생각했습니다. 따라서 죄를 참회하면 병도 낫는다고 생각했습니다. 예수님의 병자 치유 이야기들에서도 이처럼 죄의 사함을 통해 병을 치유하는 형태가 많습니다. 정말로 병이 인간의 죄로 인한 것인지에 관한 일은 또 다른 차원의 문제가 될 것이고, 여기에서는 죄에 대한 예수님의 가르침을 생각해 보려고 합니다.

우선 예수님은 중풍 병자를 치료하면서 그 사람이 지은 죄에 대해 추궁하지 않습니다. 어떤 죄를, 어떻게, 몇 번이나 저질렀는지 캐묻지 않습니다. 다시는 죄를 짓지 않을 것을 몇 번이고 다짐받지도 않습니다. 예수님은 그저 한 가지만을 보고 중풍 병자의 죄를 사해 주십니다. 그들의 '믿음'입니다.

그렇다면 예수님이 죄를 사하시는 데 있어 결정적인 의미를 두신 '믿음'은 과연 어떤 믿음을 말하는 것일까요? 자신들의 죄가 사해질 수 있다는 믿음, 예수님이 자신들의 죄를 사해 줄 수 있는 능력을 지니신 분이라는 믿음일 수도 있겠지만, 예수님이 무엇보다도 귀하게 여기신 것은 바로 하느님에 대한 믿음입니다. 하느님이 궁극적 진리이고 모든 것을 주관하신다는 믿음입니다. 하느님에게 전적인 신뢰를 두는 믿음입니다.

여기에서 우리는 예수님이 무엇을 죄라고 생각하셨는지를 미루어 짐작할 수 있습니다. 하느님에 대한 믿음 하나만을 보고 "그대 죄가 용서 받았습니다."라고 하셨다는 것은 하느님에 대한 믿음을 지니지 못하는 것이 곧 죄의 상태라는 것을 말해 줍니다. 하느님에 대한 믿음을 지니지 못한 상태, 하느님으로부터 멀어진 상태가 바로 죄입니다. 따라서 하느님에게로 다시 마음을 돌리는 것, 하느님에 대한 믿음을 지니는 것만으로 "그대 죄가 용서 받았습니다."라는 기쁜 선언을 들을 수 있었습니다. 죄에 대한 예수님의 이런 생각을 보면 우리가 흔히 생각하는 죄의 개념과는 좀 다른 느낌을 받습니다.

죄에 대한 좀 더 폭넓은 이해를 시도해 보겠습니다. 종교적 주제로서의 죄는 단지 외적인 행동의 결과로 드러난 것만을 의미하지 않습니다. 이는 인간의 결과적인 행위의 도덕성 내지 합법성을 논하는 개념이 아닙니다. 죄는 하느님과 인간의 관계성에 더 근본적인 초점을 맞추는 개념입니다. 하느님과 인간의 근본적인 관계가 어긋난 상태, 인간으로서 궁극적 진리인 하느님에 온전한 의미를 두지 못하고 하느님으로부터 멀어진 상태가 바로 죄라는 개념을 통해 지적하는 문제의 핵심입니다.

이렇게 죄의 개념을 넓고 근본적으로 이해한다면, 죄의 문제에 대한 성찰은 인간에게 중요한 의미를 던져 줍니다. 바로 죄는 인간이 지니고 있는 치명적인 한계라는 인식입니다. 현세적 인간이기에 지니는 한계, 그러면서도 인간의 범위 안에서는 완전히 넘어설 수 없는 한계를 말합니다. 이처럼 인간이기에 지닐 수밖에 없는 근원적 한계성과 그로부터 파생되는 모든 문제들을 포괄해서 죄 혹은 악(惡)이라는 개념으로 설명합니다.

그런데 그리스도교에서는 인간의 죄를 하느님의 사랑과 연결시킵니다. "하느님은 죄인을 사랑하십니다." 죄자체는 분명 치명적인 한계입니다. 그렇지만 하느님은 인간, 특히 치명적 한계를 지닌 죄인으로서의 인간을 사랑하십니다. 이런 점에서 죄는 일종의 신비입니다. 죄라는 개념은 단순히 인간의 부정적인 한계를 드러내는 데에 그치지 않습니다. 그로부터 더 궁극적인 의미로 나아갈 수 있는 길을 내포하고 있습니다. 인간이 지닌 치명적이고 부정적인 결함으로 인해 오히려 궁극적인 구원의 가능성이 제시됩니다. 한계를 지닌 인간 존재를 부각시킴으로써 더 큰 의미의 은총 개념으로 연결되는 것이 죄 개념의 종교적 의미입니다.

이 같은 내용은 그리스도교뿐 아니라 불교에서도 확인할 수 있습니다. 불교에는 말법사상(末法思想)이라는 것이 있습니다. 말법사상과 그에 상응하는 불교 구원론에서 그리스도교의 죄-은총 개념과 유사한 내용을 확인할 수 있습니다. 말법 시대란 정상적인 가르침이 불가능한 극도의 혼란 시대를 말합니다. 말법 시대에는 그에 상응하여 구원의 방법도 달라질 수밖에 없습니다. 불교의 몇몇 종파에서는 이 같은 말법사상에 근거하여 독특한 구원의 길을 제시했습니다. 각각의 특색이 있지만 인간적인 차원을 넘어서는 차원으로부터의 도움을 필요로 한다는 점에서 공통점을 지니고 있습니다. '나무아미타불'을 온 마음으로 반복하면서 아미타불(阿彌陀佛)에 신앙적으로 의지하는 정토(淨土) 신앙이 대표적인 예입니다.

죄의 개념과 연관하여 생각해 보아야 할 또 하나의 주제는 죄의 근본 원인에 관한 것입니다. 일단 인간이 죄의 상태에 빠지는 원인을 자유의지와 연결시켜 설명합니다. 인간은 하느님으로부터 자유의지를 부여받았습니다. 그리고 인간은 그의 모든 자유로운 의지 활동에서 필연적으로 선(善)을 얻으려고 합니다. 이러한 선의 추구는 인간의 모든 활동을 가능하게 하는 동시에 그 목적이 되기도 합니다. 문제는 선을 어떤 것으로 규정하느냐입니다. 흔히 자의적 혹은 자기에게 이로운 방향으로 선을 규정하는 것이 문제입니다. 자신이 추구하는 목표와 그를 위한 과정을 스스로 선이라고 규정할 때, 인간은 그에 대한 무차별적인 추구를 보입니다. 이런 과정에서 죄 혹은 악까지도 불사합니다. 그러한 일들을 스스로 죄나 악이 아닌 선으로 간주합니다. 인간의 자유의지 활동이 죄와 악의 결과로 이어지는 과정을 위와 같이 요약할 수 있습니다.

그러나 이러한 설명만으로는 죄의 근본적인 원인을 충분히 밝혀 주지 못합니다. '하느님으로부터 주어진 인간의 자유의지가 왜 그처럼 나쁜 방향으로 작용하게 되는가.'라는 더 근본적인 의문이 남아 있습니다. 결론을 이야기하자면 인간 자유의지의 잘못된 행사는 결국 궁극적 진리에 대한 '무지(無知)' 때문이라고 할 수 있습니다. 인간으로서 마땅히 추구해야 할 궁극적인 진리를 제대로 알지 못할 때 인간의 자유의지는 엉뚱한 다른 가치들에 의미를 부여하고 그것들을 정신없이 쫓게 됩니다.

그리스도교의 원죄(原罪) 개념은 이러한 인간의 근원적

인 무지를 나타내는 것이라고 할 수 있습니다. 그리고 인간의 근원적인 무지를 불교에서는 무명(無明)이라는 개념으로 나타내고 있습니다. 불교에서 무명은 인간의 모순적 현실을 가장 근원적인 차원에서 나타내는 개념입니다. 무명은 인간의 참된 본성, 우주 만물의 참된 모습을 알지 못하는 근원적인 무지입니다. 인간과 우주 만물의 있는 그대로의 이치를 깨닫지 못하도록 가리고 있는 이 무지 때문에 인간은 헛된 생각들을 지어냅니다. 그 헛된 생각들이 그대로 죄와 악의 결과로 이어집니다. 무명 개념에서 주목해야 할 것은 이 무지가 태어나면서부터 모든 인간에게 주어지는 치명적인 한계라는 점입니다. 어느 누구도 이 무명의 영향을 벗어나서 태어나지 않습니다. 그리고 왜 이러한 무명이 생겨났는가에 대해서 뚜렷한 설명을 하지 못합니다.

결국 원죄 혹은 무명은 현실적인 인간 존재가 지니고 있는 근원적인 한계성이라고 할 수 있습니다. 궁극적인 진리는 엄연히 존재하지만, 현세 인간에게 그 진리가 아무 문제 없이 저절로 실현되는 것은 아닙니다. 눈앞에 두고 있으면서도, 아니 바로 내 안에 그 진리를 간직하고 있으면서도 엉뚱하게 다른 세속적인 가치들에 쉽게 정신을 빼앗깁니다. 그리스도교의 원죄 개념과 불교의 무명 개념이 설명하려는 것은 이처럼 세상 가치들에 쉽게 휘둘리는 본능적인 성향입니다. 인간 존재가 지닌 치명적인 한계성입니다.

표징을 원하는 마음
그리고 점

사람들은 분명하고 확실한 것을 좋아합니다. 과학적이고
물질중심적인 세계에 익숙한 현대인들은 직접 눈으로 보
고, 귀로 듣고, 손으로 만질 수 있는 것만을 신뢰하는 경
향이 특히 강합니다. 어떤 사실을 믿고 받아들이기 위한
전제 조건으로 분명하게 드러난 증거[표징]을 요구합니
다. 표징을 제시하지 못하면, 그 사실은 물론 그 사실을
전해 주는 사람까지 거부합니다. 예수님 시대의 사람들
도 마찬가지였습니다.

　바리사이들이 와서 시비를 걸기 시작했는데, 그분을 떠보려
고 하늘에서 내려오는 표징을 보여 달라고 요구했다. 예수께서
당신 영으로 한숨을 쉬고 말씀하셨다. "어찌하여 이 세대가 표
징을 찾는가? 진실히 말하거니와, 이 세대에는 표징이 주어질
리가 없습니다!" 그러고는 그들을 버려두고 다시 배에 올라 호
수 건너편으로 떠나셨다.(마르 8, 11~13)

바리사이들이 예수님에게 표징을 요구한 것은 예수님의 권위에 도전하면서 예수님을 걸고넘어지려는 의도였을 것입니다. 아마도 예수님이 하시려고 했다면 그들 앞에 분명한 하늘의 표징을 보여줄 수도 있었을 것입니다. 갑자기 하늘에서 번개가 치게 한다든가, 소용돌이가 휘몰아치게 한다든가……. 하지만 예수님은 그런 유치한(?) 행동은 하지 않으셨습니다. 그럴 능력이 없어서가 아니라, 그런 식으로 그들에게 표징을 보여 주는 것이 결코 바람직한 일이 아니라고 판단하셨기 때문일 것입니다.

그들이 예수님에게 표징을 요구한 것은 한마디로 예수님을 못 믿겠다는 뜻입니다. 자신들이 눈으로 볼 수 있는 표징을 분명하고 확실하게 드러내야 믿겠다는 속셈입니다. 예수님의 표징 거부는 이러한 그들의 속셈을 겨냥하고 있습니다. 표징을 전제로 내거는 신앙은 결코 올바른 신앙이 아니라는 문제를 지적하려는 의도입니다. 초월적 진리는 본질적으로 우리 인간의 경험 차원을 넘어서는 것입니다. 눈으로 확인하고, 귀로 듣고, 만져볼 수 있는 경험적 사실들과는 분명 다른 차원입니다. 이렇게 초월성을 지님에도 불구하고 그 진리를 깨닫고 받아들이는 것이 신앙의 본질입니다. 현세 인간의 기준으로 볼 수 없고

들을 수 없지만 그것이 진리임을 분명하게 깨달을 수 있는 것이 신앙의 핵심입니다.

이러한 신앙의 의미는 우리가 잘 알고 있는 것 같으면서도 실제 신앙생활에서는 쉽게 잃어버리는 경우가 많습니다. 우리가 흔히 미신(迷信)이라고 표현하는 잘못된 신앙 형태들도 결국은 신앙의 본질적 의미가 온전히 구현되지 않았기 때문이라고 할 수 있습니다. 대표적인 예가 점(占)에 대한 유혹입니다.

요즘에도 많은 사람들이 점을 봅니다. 오히려 예전보다 방식이 다양해졌습니다. 전통적인 점집들이 여전히 성행하고 있는데다, 현대화된 새로운 점 풍속이 여러 가지 생겼습니다. 인터넷을 통해 손쉽게 점을 보기도 하고, 세련된 분위기의 카페에서 차와 음악을 즐기면서 점을 볼 수도 있습니다. 점을 봐주는 사람들도 예전처럼 기묘한(?) 분위기를 풍기지 않습니다. 마치 전문적인 상담자 같습니다.

현대의 여러 점 풍속들이 단순히 새로운 문화 현상일 수 있습니다. 실제 점을 보는 사람들이 점을 단지 가벼운 여흥 정도로 생각할 수도 있습니다. 그렇지만 점을 본다는 것이 다른 문화나 여흥보다 사람들을 강하게 끌어들이는 것은 분명합니다. 처음에는 그저 재미로 본다는 마음으로 시작했지만 어느새 심각해집니다. 듣기 좋은 이야기에 흐뭇한 웃음을 짓고, 안 좋은 이야기는 아무리 무시하려 해도 계속 신경이 쓰입니다. 분명 사람들에게 점은 대단한 유혹입니다. 자신의 미래, 보이지 않는 일들을 보여 준다는 것은 거부할 수 없는 유혹입니다.

점의 토대가 되는 것은 초자연적 존재가 인간의 삶의 과정에 개입한다는 믿음입니다. 이 믿음에 기초하여 인간은 여러 가지 인간사에 있어서 그 초자연적 존재의 의사를 확인하려 합니다. 그로부터 자신이 하려는 일에 대해 보장과 확인을 받기를 원합니다. 분명하고 가시적인 표징을 원하는 것입니다.

점을 보는 사람들의 심리를 이해하기 위해서는 우선 그들이 초자연적 존재를 어떻게 생각하는지를 파악할 필요가 있습니다. 초자연적 존재가 세상과 인간에게 있어 궁극적인 의미를 지닌다는 생각은 일반적인 종교 심성과 다르지 않습니다. 다만 초자연적인 존재가 언제든지 즉각적으로 자신의 의사를 드러낸다는 생각이 점을 보는 사람들의 특징입니다. 점을 보는 사람들의 심리에는 초자연적인 존재의 의사를 즉각적으로 확인하려는 기대가 있습니다. 자신이 필요로 할 때 초자연적 존재는 언제든지 직접적인 답을 준다는 생각이 전제되어 있습니다.

점을 보는 사람들의 심리는 사실 누구나 공감할 수 있는 내용입니다. 가장 인간적인 마음이기 때문일 것입니다. 이처럼 인간의 가장 원초적인 기대가 반영된 것이 점이지만, 종교의 본래 의미에서 판단할 때 점에는 분명한 문제점이 있습니다.

일단 점에서도 종교적 의미를 확인할 수는 있습니다. 초자연적인 존재에 대한 신뢰를 전제로 한다는 사실이 종교적 의미로서 인정받을 수 있습니다. 점을 치는 것은 초자연적 존재의 뜻을 확인하려는 의도입니다. 초자연적인 존재의 뜻을 확인하려는 것은 초자연적 존재의 궁극적 의미를 인정하기 때문입니다.

하지만 점이 지니는 결정적인 문제점은 초자연적 존재의 뜻을 인간이 원하면 언제든지 즉각적으로 확인할 수 있다는 기대입니다. 달리 표현하자면 초자연적 존재 또는 신(神)을 지나치게 인간 중심적으로 왜곡시켜 이해하는 것입니다. 인간이 청하면 언제든지, 그것도 지극히 인간의 기대에 부합하는 방식으로 응답을 주는 존재로 신을 이해하는 것입니다.

초월적 존재 또는 신은 기본적으로 인간과 격(格)이 다른 존재입니다. 인간의 의지대로 조종할 수 있는 존재가 아닙니다. 인간의 한계 내에서는 도저히 온전한 파악이 불가능한 존재입니다. 시작도 없고 끝도 없이 존재하고, 어떤 형태나 이름으로도 온전히 담아낼 수 없는 무한(無限) 그 자체입니다. 무한 그 자체인 초월적 존재의 의사를 인간이 자의적으로 파악할 수 있다는 생각은 기본적으로 초월적 존재에 대한 잘못된 이해입니다.

종교의 역사를 살펴보면 사실 종교 본래 의미에서 어긋난 왜곡된 종교 이해를 지녀 온 적이 많았습니다. 가장 대표적인 문제가 초월적인 존재를 지나치게 인간 중심적으로 왜곡시켜 이해하는 것입니다. 인간적인 기준과 기대의 틀을 그대로 초월적 존재에 맞추어 버리는 문제입니다. 무한 그 자체인 초월적 존재를 유한하고 제한적인 대상으로 축소시키는 문제입니다.

점에 지나치게 맹목적으로 빠지는 것은 인간 중심적인 신 이해라는 문제를 지닙니다. 초월적이고 무한한 신 앞에서 인간의 겸허함을 잃어버리는 것입니다. 결국 점의 유혹에서 벗어나는 것은 신의 초월성과 무한성을 다시 한 번 겸허하게 되새길 때 가능할 수 있습니다. 이는 신앙의 본질적인 의미를 회복하는 일입니다.

점에 대한 유혹은 표징을 요구하는 마음과 기본적으로 같은 문제라고 할 수 있습니다. 표징을 보여 주어야 믿을 수 있다는 요구와 점을 통해 초월적인 존재의 뜻을 파악하려는 시도는 모두 신앙의 본질적인 의미에 어긋나는 문제를 지닙니다. 신앙은 우선 신에게 모든 것의 궁극적인 가치를 부여하고, 그 흐름에 순응하는 것을 의미합니다. 신이 가장 궁극적인 가치이고 진리이기에 그 흐름에 순응하는 것이 가장 바람직하고 이상적임을 받아들이는 것입니다.

여기에서 중요한 것은 그 흐름이 매 순간 어떻게 움직이고 어느 방향으로 갈 것인지를 인간적인 기준으로 확인하려는 조급한 마음으로부터 자유로워지는 것입니다. 신앙은 신의 초월성을 전제로 합니다. 인간적인 기준에서 분명하고 확실한 내용이 받아들이기에 좀 더 쉬운 것은 사실이지만, 신은 인간적인 차원을 넘어서는 초월성을 지닙니다. 인간적인 차원과 전혀 다른 초월적 진리를 깨닫고 받아들이는 것이 곧 신앙입니다. 예수님의 표징 거부는 바로 이러한 신앙의 본질적 의미를 깨우쳐 주시는 것으로 이해할 수 있습니다.

예수의 길, 넷

구원[완성]을
향한 길

과격한 예수님?

성서를 읽다보면 가끔 당혹스러울 때가 있습니다. 성서를
통해 읽을 수 있는 예수님의 행적과 말씀은 대부분 감동을
주고 쉽게 공감할 수 있는 내용들이지만, 간혹 그런 예수님
의 모습이라고 믿기 어려운 내용들이 있습니다. "아니, 예수
님이 어떻게 저런 말을?" "정말 예수님 맞아?" 이런 의문이
드는 내용들입니다.

내가 세상에 평화를 주러 온 줄로 여기지 마시오. 평화가 아니
라 칼을 던지러 왔습니다. 자식이 아버지를 거스르고 딸이 어머
니를 거스르며 며느리가 시어머니를 거스르도록 갈라놓으러 왔
습니다. 사람의 원수는 바로 자기 집 식구들일 것입니다.(마태 10,
34~36)

오른 눈이 걸려 넘어지게 하거든 빼어 던지시오. 지체 하나
없어지더라도 온 몸이 지옥에 던져지지 않는 것이 이롭습니다.
오른손이 걸려 넘어지게 하거든 찍어 던지시오. 지체 하나가

없어지더라도 온몸이 지옥으로 들어가지 않는 것이 이롭습니다.(마태 5. 29~30)

위에 인용한 두 구절은 제가 어려서부터 받아들이기 힘들었던 성서 구절입니다. 이해하기 힘든 정도를 넘어서 소름이 끼칠 정도로 무서운 내용이었습니다. 그림 성서 이야기책에서 본 인자한 예수님, 아이들과 함께 놀아 주시는 자상한 예수님이라고는 도저히 상상할 수 없는 폭력적이고 무서운 모습이 떠오르곤 했습니다.

예수님의 이런 과격한 면모는 일단 우리를 당혹스럽게 만듭니다. 하지만 다행히 예수님의 이런 말들을 고지식하게 글자 그대로 받아들여야 한다고 생각하는 사람들은 많지 않을 것입니다. 실제로 아버지를 거스르고 어머니를 거스르고 자기 집 식구들을 원수로 대한다든가, 잠시 한눈을 팔았다고 자기 눈을 빼어 버리거나 손목을 찍어 버린다면……. 아마도 이 세상은 온통 아수라장이 되고, 불구자들로 가득 찰 것입니다.

사실 예수님은 성격이 조금 다혈질이고 직선적인 면도 있었습니다. 깊은 연민과 사랑을 지니셨고 이해의 폭도 넓으셨지만, '이건 아니다.'라고 생각하시는 일에 있어서는 정말 물불을 안 가릴 정도로 단호하셨습니다. 예수님에게 적당한 타협이란 있을 수 없는 일이었습니다. 예루살렘 성전에 진을 치고 있던 상인들의 자리를 둘러엎어 쫓아내시는 장면(마태 21, 12~13)을 보면 이런 예수님의 면모를 잘 볼 수 있습니다.

예수님이 그토록 단호하고 과격한 모습을 보이신 데에는 예수님 자신의 본래 성격도 어느 정도 작용했을지 모르지만, 무엇보다 예수님이 하느님의 진리에 완전히 몰입되어 있었기 때문이라고 할 수 있을 것입니다. 예수님은 하느님의 진리에 대한 강한 확신을 지니셨습니다. 그리고 그 진리에 관해서만큼은 단호한 입장을 보이셨습니다. 더욱이 예수님에게는 하느님의 진리를 모든 사람에게 전하려는 강한 사명 의식이 있었습니다. 예수님 자신이 그랬던 것처럼 모든 사람이 하느님의 진리를 온전히 깨닫는 일은 가장 단호하고 확실하게 이루어야 할 일이었습니다. 하느님의 진리를 깨닫는 일은 적당히, 대충 타협하면서 이룰 수 있는 일이 아니기 때문입니다. 따라서 하느님의 진리를 확실하게 깨우쳐 주시려는 예수님의 말씀과 행동은 때론 단호하고 과격해질 수밖에 없었을 것입니다.

예수님이 하느님의 진리를 깨우쳐주기 위해 과격한 언행도 마다하지 않으셨던 것처럼, 궁극적 진리를 전하려 했던 여러 종교의 성인(聖人)들은 때때로 과격한 말과 행적을 보여줍니다. 그들의 과격함 역시 단순히 그들의 개인적인 성격이 괴팍한 탓이 아닙니다. 괴이한 가르침으로 사람들을 협박하고 겁주기 위한 것도 아닙니다. 그들의 과격함 역시 진리에 관해서만큼은 단호하고 확실한 입장을 보여 주려는 뜻이었습니다. 사람들로 하여금 이제까지의 잘못된 이해와 허망한 삶의 관성에서 결연히 벗어나 궁극적 진리 안에 확고하게 머물 수 있게 하려고 보여 준 과격함이었습니다.

이러한 성인들의 과격함 중에서 많이 알려진 예를 하나 들어보겠습니다. 중국 선종(禪宗)의 큰 획을 그은 임제(臨濟) 스님의 '살불살조 살부살모(殺佛殺祖 殺父殺母)'이야기입니다. 임제 스님은 대략 9세기 무렵 중국에서 태어났습니다. 임제 스님은 당(唐) 나라 후기의 격변기를 살면서 당시의 암울했던 시대를 냉철히 분석하여 모든 사람들이 믿고 의지하여 살아갈 수 있는 삶의 지표를 제시했던 탁월한 선사(禪師)였습니다.

중국 선불교의 가장 큰 특징은 궁극적 진리에 이르는 길을 분명하고 간결하게 제시한다는 점입니다. 복잡한 설명이나 난해한 추론 과정을 거치지 않고 단박에 진리를 깨우칠 수 있는 길, 이 세상과 다른 차원이 아니라 일상적 삶 속에서 그대로 진리를 깨우칠 수 있는 길을 제시한 것이 중국 선불의 가장 큰 특징입니다.

임제 스님의 가르침은 이러한 중국 선불교의 특징을 가장 극단적으로 보여 줍니다. 임제 스님은 한마디로 '자유로운 참 인간'을 강조했습니다. 그 어떤 것에도 얽매이거나 속박되지 않고 본래부터 갖추어져 있는 참된 본성에 온전히 충실한 인간이 바로 임제 스님이 추구한 '자유로운 참 인간'입니다. '살불살조 살부살모'라는 과격하고 충격적인 발언은 이러한 자유로운 인간을 강조하는 맥락에서 나온 말입니다.

수행자들이여, 그대들이 참된 견해를 얻고자 하거든 오직 다른 사람들로부터의 미혹함을 받지 않아야 한다. 안에서나 밖에서나 마주치는 대로 죽여 버려라. 부처를 만나면 부처를 죽이고, 조사(祖師)를 만나면 조사를 죽이고, 부모를 만나면 부모를 죽이고, 라한(羅漢)을 만나면 라한을 죽이고, 친척 권속을 만나면 친척 권속을 죽여라. 그래야만 비로소 해탈하여 어떤 것에도 구속받지 않고 모든 것에서 완전히 벗어나 자유로움을 얻을 수 있다.

  듣기만 해도 섬뜩해지는 충격적인 말입니다. 여기에서 죽어야 한다고 하는 대상은 불교에서 가장 중요하게 생각하는 존재들입니다. 이들에 대한 살해는 불교에서 도저히 구원받을 수 없는 중죄로 취급합니다. 이러한 중죄를 범하도록 권하는 임제 스님의 말은 불교의 기본 질서는 물론 인간으로서의 기본 질서마저도 허무는 과격한 말입니다.

  예수님의 과격한 말씀이 단순히 글자 그대로의 의미를 나타내지 않는 것처럼 임제 스님의 패륜적인 말도 실제로 그렇게 행동하라는 뜻은 아닙니다. 임제 스님이 강조하는 것은 오직 불법(佛法)의 근본적인 의미를 진실하게 깨달아 현실의 삶을 사는 것입니다. 궁극적 진리의 참된 의미를 온전히 깨닫지도 못했으면서 단순히 형식과 겉치레에만 매달리는 사람은 임제 스님에 의하면 '자유로운 참 인간'이 아닙니다. 그런 사람에게 있어 부처님이나 조사, 라한, 친척, 부모들은 모두 단지 사람을 속박하는 대상들일 뿐입니다.

  결국 임제 스님이 강조하는 내용은 그 어떤 대상에도

의존하지 않고 오로지 진실한 마음의 노력으로 궁극적 진리의 참된 의미를 온전히 깨달아야 한다는 것입니다. 진리를 온전히 나 자신의 것으로 깨닫지 못한다면 아무리 위대한 성인과 훌륭한 가르침일지라도 단지 나를 속박하는 굴레일 수밖에 없습니다. '죽이라'는 명령은 그러한 속박으로부터 결연히 벗어나라는 요구입니다.

사실 예수님을 비롯한 여러 종교의 성인들은 당시의 평범한 사람들에게 그저 편안한 대상으로 받아들여질 수만은 없었을 것입니다. 그분들이 제시한 가르침과 요구는 분명 평범한 사람들이 이제까지 살아왔던 삶의 형태에 예리한 도전으로 다가왔을 것이기 때문입니다. 예수님의 말씀처럼 '평화가 아니라 칼'이었습니다.

하지만 그 '칼'은 사람들을 해치려는 칼이 아니라 오히려 살리기 위한 칼입니다. 사람들의 깊은 상처를 도려내어 건강한 존재로 만들어 주는 칼입니다. 사람들을 속박하고 있던 모든 제약을 끊어 버리고 진정 자유로운 존재로 해방시켜 주는 칼입니다. 이처럼 칼을 건네주는 분위기이니 과격할 수밖에 없지 않았을까요?

참된 가르침

언젠가 "술을 마시는 사람이 안 마시는 사람보다 당뇨병에 걸릴 위험이 적다."라는 신문 기사를 읽은 적이 있습니다. 누구는 술이 몸에 나쁘다고 하더니, 술도 좀 마셔 줘야 하나? 예전에 비해 자주 몸에 이상 징후를 느끼면서 이런 저런 건강 정보와 지침들에 각별한 관심을 갖게 됩니다. 문제는 각양각색의 정보가 너무 많다는 점입니다. 이런 저런 건강 지침에 다 신경을 쓰다보면 오히려 없던 병이 생길 것 같습니다.

건강에 관한 온갖 정보만큼 세상에는 여러 가르침이 있습니다. 너무 많다보니 도대체 어느 가르침에 귀를 기울여야 할지, 어떤 말이 맞는 건지 혼란스러울 때도 있습니다. 그럴 때면 그 가르침이 어디로부터 나오는 것인지를 잘 식별할 필요가 있습니다. 궁극적 진리 자체에서 나오는 가르침인지, 아니면 궁극적 진리를 빙자하여 인간적 차원에서 나오는 가르침인지.

예수님께서는 참된 가르침을 식별할 수 있는 분명한 기준을 제시해 주십니다.

축제가 중반에 이르러 예수께서 성전으로 올라가 가르치시는데, 유대인들이 놀라며 "이 사람이 배우지도 않았는데 어떻게 성서를 알까?" 하였다. 예수께서 대답해 주셨다. "내 가르침은 내 것이 아니라 나를 보내신 분의 것입니다. 누가 하느님의 뜻을 행하고자 한다면 그는 이 가르침이 하느님으로부터 오는 것인지 아니면 내가 스스로 말하는 것인지 알게 될 것입니다. 스스로 말하는 사람은 자기 영광을 찾습니다. 그러나 자기를 보내신 분의 영광을 찾는 그 사람은 진실하고 속에 불의가 없습니다."(요한 7, 14~18)

이 성서 구절에서 우리는 예수님의 가르침에 있어 가장 중요한 원칙을 확인할 수 있습니다. 아직 예수님의 가르침을 제대로 파악하지 못한 당시 유대인들은 예수님이 도대체 어떤 권위와 근거를 지녔는지 걸고넘어집니다. 그런 가르침을 펼칠 만한 자격이 있는 사람인지 트집을 잡습니다. 예수님의 외형적인 자격과 조건을 따져서 가르침의 내용을 판단하려는 태도입니다. 요즘이라면 "그 사람

무슨 대학 나왔대?" "박사 학위는 있나?" "어떤 집안 출신이야?"라고 따지는 셈입니다.

다른 장면에서도 여러 번 강조하셨지만, 여기에서 예수님은 다시 한 번 분명하게 천명하십니다. "내 가르침은 내 것이 아니라 나를 보내신 분의 것입니다." 예수님의 가르침은 예수님 자신의 자격이나 조건에 근거하는 것이 아니라 궁극적 진리이신 하느님에 근거하는 것임을 강조하십니다. 궁극적 진리이신 하느님의 가르침이기에 지극한 권위를 지니고 있는 분명히 참된 가르침이라는 것입니다. 결코 예수님 자신을 내세우지 않고 궁극적 진리이신 하느님을 내세우는 것, 이것이 예수님의 가르침에 있어 가장 중요한 원칙입니다.

몇몇 사이비 종교의 교주들 중에서 자신이 곧 신(神)이라고 자처하는 경우를 볼 수 있습니다. 심지어 기성 종교 교단에 속해 있는 사람들 중에서 자신의 말이 곧 진리인 것처럼 과시하는 오만함을 드러내는 사람들도 있습니다. 이런 사람들에게는 공통된 문제가 있습니다. 궁극적 진리가 아닌 자기 자신을 내세우는 문제입니다. 그리고 '자기를 보내신 분의 영광을 찾는 것이 아니라, 자기 영광을 찾습니다.' 자기를 내세우지 않고 궁극적 진리 자체에 초

143

점을 맞추는 것, 바로 이 점이 참된 가르침을 식별할 수 있는 분명한 기준입니다.

이러한 기준은 예수님에게서 뿐 아니라 모든 종교의 성인들에게서 어김없이 확인할 수 있는 가장 핵심적인 원칙입니다. 몇 가지 예를 살펴보겠습니다.

불교에는 "달을 보라고 손가락으로 달을 가리켰더니, 달은 보지 않고 손가락만 본다."는 유명한 말이 있습니다. 저 먼 하늘 위에 떠 있는 달의 아름다움을 먼저 체험한 사람이 다른 사람들에게도 달의 아름다움을 체험하게 해 주려고 손가락으로 달을 가리켰습니다. 그런데 어리석은 사람들은 정작 보라는 달은 보지 않고 손가락만 바라보고 있습니다.

여기에서 달은 궁극적인 진리를, 손가락은 궁극적인 진리를 먼저 깨달은 부처님이나 큰 스님들의 가르침을 상징합니다. 부처님과 큰 스님들의 가르침은 어디까지나 궁극적인 진리를 가리키는 손가락으로서의 의미를 지닙니다. 그분들이 스스로 '내가 곧 궁극적 진리'라고 내세운 적은 한 번도 없습니다. 자신들이 먼저 체험한(깨달은) 달의 아름다움에 완전히 사로잡혀 다른 사람들도 자신들처럼 달의 아름다움을 체험하게 해 주고 싶었을 뿐입니다.

그런데 엉뚱하게도 사람들은 '궁극적 진리를 깨달은 위대한 분의 손가락이니 얼마나 위대한 손가락인가'라는 잘못된 생각에 스스로 갇혀 버리고 맙니다. 그리고 달에 관해서는 잊어버린 채 손가락에만 온갖 관심을 기울입니다. 손가락의 모양이 남들과 다른 특징은 무엇인지, 손가락의 뻗은 각도가 정확히 몇 도인지, 굳이 손가락을 사용한 숨은 뜻은 무엇일지, 이런 쓸데없는 관심들 때문에 직접 달을 보고 그 아름다움을 체험하는 일은 오히려 복잡하고 어려운 일이 됩니다. 단지 손가락이 가리키고 있는 방향을 따라 달을 보기만 하면 되는데, 부처님과 큰스님들은 결코 자신들의 손가락이 곧 진리라고 내세운 적이 없는데도 말입니다.

자신이 아닌 궁극적 진리에 초점을 맞춘다는 원칙은 석가모니의 삶과 가르침에서도 분명하게 확인할 수 있습니다. 석가모니는 열반에 들기 전의 마지막 설법에서도 이 원칙을 제자들에게 거듭 상기시켰습니다. "진리를 등불 삼고 진리를 의지하여라. 이밖에 다른 것에 의지해서는 안 된다."

석가모니는 스스로를 궁극적 진리를 깨달은 한 사람으로서 인식했습니다. 궁극적 진리를 깨닫는 일은 하려고만 한다면 누구나 할 수 있는 일입니다. 우리 인간들 모두는 본성적으로 궁극적 진리를 깨닫고 완성을 이룰 수 있는 가능성을 지니고 있습니다. 석가모니는 그 가능성을 실현한 한 사람이었습니다. 그리고 그 목표를 이루었던 자신의 방법을 다른 사람들에게도 알려 준 사람입니다. 석가모니는 자신의 역할을 길 안내자와 같은 것으로 생각했습니다. 자신이 먼저 가 본 길을 다른 사람들도 똑같이 따라갈 수 있도록 이끌어 주는 안내자입니다. 모든 사람이 그 길을 따라 궁극적 진리 자체와 만날 수 있도록 이끌어 준 것이지, 석가모니 자신을 진리라고 내세운 적은 결코 없었던 것입니다.

공자에게서도 이러한 원칙은 마찬가지입니다. 『논어』의 내용 중에서 공자 스스로 자신의 가르침이 어떤 특성을 지니는지 설명하는 구절이 있습니다. '술이부작(述而不作)'이라는 말입니다. 공자는 자신의 가르침이 온전히 자신이 만들어 낸 것이 아니라 전통적으로 이어져 온 가르침을 새롭게 풀어 주는 것이라고 했습니다. 자기 가르침의 근거를 자신에게 두는 것이 아니라 전통적인 가르침에 두는 것입니다.

여기에서 말하는 중국의 전통적 가르침은 바로 고대로

부터 중국인들이 체험했던 우주의 궁극적 진리입니다. 우주(자연) 전체의 규칙적인 움직임과 작용에 관한 진리, 그리고 그 안에서 살아가는 인간이 마땅히 따라가야 할 삶의 원리에 관한 진리입니다. 공자의 가르침은 이러한 초월적이고 궁극적인 진리에 근거하고 있습니다. 공자는 자신의 역할을 궁극적인 진리의 전달자라고 생각했습니다. 궁극적 진리를 현실 삶 안에서 적절히 적용하고 실현할 수 있도록 이끌어 주는 역할입니다. 공자 자신이 곧 진리라든가, 자기의 가르침이 궁극적 진리 자체라고 내세우지 않았던 것입니다.

참된 가르침은 인간을 궁극적 진리로 이끌어줍니다. 궁극적 진리 안에서 인간은 모든 한계와 속박에서 벗어난 진정한 자유로움과 평화를 얻습니다. 우리는 예수님을 비롯한 모든 종교의 성인들을 통해 이러한 궁극적 진리를 만날 수 있습니다. 그분들의 삶과 가르침은 확고하게 궁극적 진리에 근거한 것이기 때문입니다. 그분들이 온 삶을 바쳐 드러내려고 한 것은 자신들의 이름이나 영광이 아니라 궁극적 진리 그 자체입니다.

구원의 의미1

주님 예수께서 제자들에게 말씀하신 다음 하늘에 올라 하느
님 오른편에 앉으셨다. 제자들이 떠나가 사방에 복음을 선포
했는데, 주님이 함께 일하며 표징들이 따르게 함으로써 말씀을
굳건히 뒷받침하셨다.

여자들은 전해들은 모든 것을 베드로와 그 동료들에게 간추
려 이야기해 주었다. 그 뒤 예수께서도 친히 그들을 통해 동쪽
에서 서쪽까지 영원한 구원에 관한 거룩하고 썩지 않는 복음
선포가 두루 미치게 하셨다. 아멘.(마르 16, 19~20)

예수님은 공생활 내내 열정적으로 가르침을 펼치시다
가, 당시 유대교의 기득권 세력에게 미움을 받아 수난을
당하시고 결국 십자가형으로 돌아가셨습니다. 하지만 예
수님의 죽음으로 그동안의 가르침이 무의미해진 것은 아
니었습니다. 예수님은 부활하셨고, 예수님의 가르침은 영
원한 생명의 진리로 우리에게 남아 있게 되었습니다. '동

쪽에서 서쪽까지 영원한 구원'을 이루어 주신 것입니다.

지금까지 예수님의 가르침을 이웃종교의 가르침들과 비교하며 이해해 보았습니다. 몇 가지 주제들로 세분하여 살펴보았는데, 이제 예수님의 가르침을 종합적으로 정리해 보려고 합니다. 예수님의 가르침을 종합할 수 있는 하나의 개념을 든다면 바로 '구원'일 것입니다. 예수님의 가르침은 결국 우리에게 진정한 구원의 길을 제시해 주신 것이라고 할 수 있습니다.

사실 '구원'은 모든 종교의 가르침을 집약하고 있는 핵심 개념입니다. 각 종교의 세부 가르침들은 궁극적으로 구원의 길을 제시하는데 초점을 맞추고 있습니다. 각 종교의 구원론은 그들 나름의 독특성도 있지만 전체적으로 비교해 볼 때 공통적인 구조와 의미를 확인할 수 있습니다. 구원론에 관한 비교종교학적 이해를 토대로 예수님이 제시하신 구원의 의미를 살펴보겠습니다.

먼저 여러 종교의 구원론에서 확인할 수 있는 일반적 구조를 정리해 보겠습니다. 구원론은 일반적으로 다음과 같은 네 단계의 설명 구조를 지니고 있습니다. 첫 번째 단계에서는 인간이 처해 있는 현실적인 문제 상황을 지적합니다. 인간의 현세적인 삶은 온통 고통일 뿐이라거나,

인간은 죄에 물든 존재라는 설명, 인간은 욕망의 노예라는 설명 등이 여기에 해당합니다. 종교적 구원론은 이처럼 현실적 인간의 상황이 무엇인가 잘못되어 있고 결핍되어 있다는 문제의식에서 시작합니다. 그런데 중요한 것은 종교적 구원론에서 문제의식은 세속적인 비관주의 내지 염세주의와는 다른 의미를 지닌다는 사실입니다. 막연히 인간 존재를 부정적으로 인식하거나 삶의 의미를 포기하려는 의도가 있는 것이 아닙니다. 오히려 현실적 인간으로서 문제 상황을 극복하려는 데에 목적이 있습니다. 인간이 지닌 현실적 한계를 넘어 궁극적인 완성을 이루기 위한 과정으로서의 문제 제기입니다.

구원론의 두 번째 단계에서는 현실적 인간이 빠져 있는 문제 상황의 근본 원인을 분석합니다. 인간과 우주의 참된 본질을 깨닫지 못하는 무지가 원인이라고도 하고, 끊임없는 갈망과 집착이 원인이라고도 하고, 원죄라는 인간의 근원적 한계를 지적하기도 합니다. 인간이 현실적 삶을 살아가면서 경험하게 되는 온갖 모순과 문제들의 가장 깊은 뿌리를 드러내 보여 줍니다. 가장 깊은 뿌리를 뽑아내야 현실적 문제 상황을 완전히 해결[극복]할 수 있기 때문입니다.

구원론의 세 번째 단계에서는 앞서 분석한 현실적 문제 상황을 완전히 넘어설 수 있는 가능성과 그 완성의 경지를 보여 줍니다. 하느님 나라, 해탈, 성인(聖人) 등의 표현이 이러한 궁극적 완성의 경지를 나타냅니다. 사실 종교적 구원론은 바로 이러한 완성의 가능성을 제시한다는 점에 핵심적인 의미가 있습니다. 만일 세 번째 단계의 제시 없이 앞의 두 단계로 끝나버렸다면 그것은 종교적 구원론이 아니라 단지 세속적 비관주의나 염세주의에 그칠 것입니다. 현실의 인간이 지독한 한계와 모순에 빠져 있고 그 뿌리가 치명적으로 깊은 것은 사실이지만, 그럼에도 불구하고 인간에게는 그 한계를 극복할 수 있는 가능성이 열려있습니다. 이것이 종교적 구원론의 핵심 의미입니다.

구원론의 네 번째 단계에서는 현실적 한계를 넘어 궁극적 완성에 이를 수 있는 구체적 방법을 제시합니다. 각 종교에서 제시하는 다양한 수행 방법들이 여기에 해당합니다. 절대 신에 대한 헌신적 신앙, 인간과 우주의 참된 본성을 온전히 볼 수 있는 지혜, 이웃 사랑, 마음공부 등 다양한 방법을 통해 인간들을 궁극적 완성의 경지로 이끌어 줍니다.

다음으로 '구원'의 근원적 의미에 대해 생각해 보겠습니다. 종교적 구원이라는 개념이 근원적으로 어떤 의미를 지니는지 이해하기 위해서는 독일어에서 구원을 뜻하는 Heil이라는 단어에 주목할 필요가 있습니다. 형용사로서의 heil은 '전체적인, 완전한, 건강한' 등의 뜻을 지닙니다. '위기(crisis)'라는 단어가 '조각, 분열'을 의미하는 것에 비해 heil은 '온전한 것, 분열되지 않고 전체가 하나로 조화를 이루고 있는 것'을 의미합니다. 또한 heil의 동사형 heilen은 '치료하다'라는 의미를 지닙니다. 아울러 heil이 성스러움을 나타내는 Heilige와 연결된다는 점에도 주목할 필요가 있습니다.

이러한 어원적인 의미들을 종합해 보면, 결국 '구원(Heil)'의 의미는 "성스러운〔초월적인〕 힘으로부터 기원한 치유"라고 이해할 수 있습니다. 이때의 '치유'는 단순히 육체적인 질병에 대한 치유만을 의미하지 않습니다. 심리적, 사회적, 실존적 문제 상황의 제거, 또는 그로부터의 탈피를 의미합니다.

여기에서 중요한 것은 이러한 치유의 힘과 가능성이 어디에 근거하고 있느냐는 점입니다. 사실 인간의 실존적 문제를 해결하려는 노력은 세속적인 학문이나 사상, 제도를 통해서도 시도됩니다. 철학, 심리학, 사회학 등에서 제시하는 인간 존재에 대한 분석과 이해의 내용, 계몽적인 사상가들의 통찰, 심지어 공산주의 이념 역시 기본적으로는 인간의 실존적 문제 상황을 해결하기 위한 노력이었다고 할 수 있습니다. 하지만 이런 세속적인 사상이나 이념들에게까지 종교적 구원론으로서 의미를 부여하지는 않습니다. 종교적 구원론으로서의 근원적인 의미는 '초월성'에 근원을 둔다는 점입니다. 인간의 현실적 상황이 잘못되어 있다는 문제 인식도 그 판단의 기준은 초월적 진리이고, 문제 상황을 치유할 수 있는 가능성과 힘도 역시 초월적 근거로부터 주어지는 것입니다.

이러한 구원의 근본 의미에 비추어 볼 때 예수님이 제시하신 구원의 의미를 더 분명히 이해할 수 있습니다. 예수님의 구원론은 '하느님 나라'에 초점을 맞추고 있습니다. 그리고 예수님이 우리에게 제시하신 하느님 나라는 '전체성, 완전성의 회복'이라는 구원론적 의미를 지니고 있습니다. 그것은 현실적 인간이 처해 있는 분열 상태, 억압과 속박의 상태, 고통의 상태를 치유하고 완전성을 회복하는 것입니다.

우선 예수님이 열두 사도를 선발하신 것에서부터 이러

한 구원의 의미를 확인할 수 있습니다. 열두 사도들은 다채로운 출신 성분의 인물들로 구성되었습니다. 평범한 어부들을 비롯해, 세리, 열혈당원 등 다양한 배경을 지닌 인물들이었습니다. 특히 주목을 끄는 것은 세리와 열혈 당원입니다. 세리와 열혈당원은 당시 이스라엘에 존재하였던 상극의 적대 세력입니다. 세리는 당시 로마 정복자들에게 협력하던 사람이고, 열혈당원은 로마 제국에 무력으로 저항했던 사람입니다. 예수님이 당신의 공동체에 이들 모두를 불렀다는 것은 상징적인 의미가 있습니다. 분열된 인간들을 하나로 통합하고자 하는 예수님의 구원론적 의미를 확인할 수 있습니다. 예수님이 제시하신 하느님 나라는 이처럼 분열을 치유하는 의미를 지니는 것입니다.

예수님이 제시하신 구원의 의미는 하느님 나라의 선포 대상이 가난한 사람, 고통 받는 사람들이었다는 점에서도 확인할 수 있습니다. 죄인, 세리, 창녀, 천한 일에 종사하는 사람, 갇힌 자, 병든 자 등, 한 마디로 표현해 '가난한 이들'이 하느님 나라의 선포 대상이었습니다. 가난한 이들이란 자신들의 힘으로는 도저히 극복할 수 없는 비참한 처지에서 생활하고 있는 사람들입니다. 하느님 나라는 이 가난한 사람들의 해방을 의미합니다. 하느님의 자비로운 사랑이 이들의 해방을 가능하게 합니다. 세속적 인간들과 다른 기준을 지닌, 초월적 진리로서의 하느님의 사랑이 이러한 해방과 치유의 근거입니다.

구원의 의미 2

종교적 구원의 의미는 '초월적인 존재로부터 기원한 치유'라고 할 수 있습니다. 인간이 현세 삶 안에서 처해 있는 문제 상황, 즉 결핍과 속박과 분열의 상태로부터 벗어나 완전성을 이루는 것을 의미합니다. 예수님이 구체적인 구원 개념으로 제시하신 '하느님 나라'는 바로 이러한 완전성과 전체성을 의미합니다. 결핍의 상태, 찢겨진 상태에 처해 있는 '가난한 사람들' 한 사람 한 사람을 완전한 인간 존재로 치유하고 인류 공동체 전체의 조화를 회복시키는 것이 예수님이 제시하신 하느님 나라의 구원입니다.

그런데 예수님의 가난한 사람들 구원은 단지 그들에게 정신적으로나 심리적으로 희망을 느끼게 해 주는 데에서 그치는 것이 아닙니다. 그들이 처해 있는 현실적 비참함으로부터 해방시키기 위한 실제적인 노력 안에서 이루어집니다. 그 구체적인 노력이 바로 질병 치유입니다.

우리는 성서에서 예수님이 질병을 치유하시는 장면을 여러 번 확인할 수 있습니다. 이들 치유 사화를 읽으면서 단순히 '마치 마법사처럼 온갖 신비한 능력을 발휘하시는 예수님'이라는 생각에 치중하는 것은 적절한 이해가 아닙니다. 간혹 지나치게 이 점에 몰두하여 건전하지 못한 신앙 형태를 드러내는 사람들도 있습니다.

예수님의 질병 치유에서 우리는 분명한 구원의 의미를 확인할 수 있습니다. 분열된 사람, 결핍된 사람, 소외된 사람을 다시 온전한 인간으로 회복시키는 상징적 행위가 바로 질병 치유입니다. 예수님이 치유해 주신 사람들은 귀신들린 사람, 나병 환자, 맹인, 벙어리, 중풍환자 등 정말 다양합니다. 이들을 괴롭혔던 질병의 내용은 각양각색이지만, 그 질병이 그들을 정신적으로나 심리적으로 결핍시키고 사회적으로 다른 사람들과 분열시켰다는 점에서는 일맥상통합니다. 이렇게 보면 성서에 나오는 갖가지 질병들은 단순히 육체적인 병을 의미하는 것만은 아닙니다. 현실적 인간이 처해 있는 결핍과 속박과 분열의 문제 상황들을 상징적으로 나타내는 것이 성서에 나오는 갖가지 질병들이고, 예수님은 그러한 질병의 치유를 통해 구원의 의미를 드러내 보여 주신 것입니다.

그렇다면 이러한 하느님 나라를 이루기 위한 방법으로 예수님은 무엇을 제시하셨는가? 바로 '회개'입니다. 예수님이 촉구한 회개는 단순히 율법적 차원의 속죄만을 의미하지는 않습니다. 마치 점검표나 평가서를 작성하듯이 이런 저런 항목의 계명을 어겼다는 것을 확인하고 앞으로는 그 계명들을 잘 지키겠다는 다짐을 하는 정도를 의미하지 않습니다. 예수님이 요구하신 회개는 하느님에게로 완전히 전환함을 의미합니다. 이제껏 지녀 왔었던 삶의 방식, 가치관, 세계관 등의 완전한 변혁을 의미합니다. 돈, 명예, 욕망 등의 세속적 가치를 향하고 있던 자신의 삶 전체를 온전히 하느님을 향한 삶으로 전환하는 것입니다.

이러한 삶의 전환을 위해서는 우선 하느님이 궁극적인 의미이고 최상의 가치라는 것, 그리고 하느님을 향한 삶이야말로 가장 완전한 삶이라는 진리를 깊이 있게 깨달아야 합니다. 깜깜한 바다 위의 배가 올바른 항해를 하기 위해서는 자신이 마땅히 찾아가야 할 등대 불빛을 정확히 파악하는 일이 우선인 것에 비유할 수 있습니다. 엉뚱한 불빛에 현혹되지 않고 참된 등대 불빛이 어떤 것인지를 정확히 인식해야 배의 방향을 온전히 그곳으로 향할 수 있습니다. 결국 진정한 회개는 궁극적 진리에 대한 정확한 인식과 그에 바탕을 둔 온전한 삶의 변혁을 의미합니다.

이러한 회개의 의미는 불교에서 강조하는 깨달음의 의미와 연결시킬 때 그 의미를 더 깊게 이해할 수 있습니다. 불교의 깨달음은 단순히 정신적인 여유나 심리적인 평화의 상태에 도달하는 것을 의미하지 않습니다. 석가모니는 출가 후 한동안 고행을 비롯한 여러 수행법을 통해 정신적으로나 심리적으로 깊이 있는 안정의 상태에 도달할 수 있었습니다. 그러나 석가모니는 그러한 상태가 결코 궁극적인 깨달음의 상태일 수 없다고 생각했습니다. 그러한 상태는 결코 지속적일 수 없고 인간의 현세적 고통 문제를 완전히 해결해 줄 수 없기 때문입니다. 깊은 선정(禪定)의 상태에 들어가 있는 동안에는 모든 고통을 잊고 안정을 누릴 수 있지만, 선정의 상태에서 깨어나 일상으로 돌아오면 다시 혼란과 고통이 반복되는 것입니다.

결국 석가모니가 완전한 깨달음을 얻고 붓다〔깨달은 자〕가 될 수 있었던 것은 선정의 수행법과 지혜를 결합시킬 수 있었기 때문입니다. 여기에서 말하는 지혜는 인간과 세상의 참 모습을 정확히 볼 수 있는 지혜를 말합니다.

인간의 마음이 어떻게 움직이고, 마음의 움직임이 어떤 결과를 초래하는지, 세상 만물이 어떻게 구성되고 어떤 방식으로 서로 관계하는지, 인간의 마음과 세상 만물이 어떻게 맞물려서 온갖 혼란과 고통의 상황들을 빚어내는지, 이런 모든 움직임의 원리를 정확히 볼 수 있는 지혜에 의해 완전한 깨달음이 이루어질 수 있는 것입니다.

이러한 지혜를 깨달은 자는 깨닫기 이전과 완전히 다른 존재가 됩니다. 깨닫기 이전에 지녔던 삶의 방식, 가치관, 세계관 등에 있어 완전한 변혁이 이루어집니다. 우리가 많이 들어본 "산은 산이요 물은 물이다."라는 말은 바로 이러한 깨달음의 의미, 완전한 존재 변혁으로서의 깨달음의 의미를 나타내는 말이라고 할 수 있습니다. "산은 산이요 물은 물이다."라는 말은 얼핏 들으면 지극히 당연하고 평범한 말입니다. 하지만 이 말이 완전한 깨달음의 경지를 나타내기까지에는 세 단계를 거칩니다.

첫 번째 단계는 일상적인 의미에서의 "산은 산이요 물은 물이다."의 단계입니다. 이때의 산과 물은 우리 인간이 욕망과 아집의 눈으로 바라보는 산과 물입니다. 깨닫기 이전의 어리석음의 눈으로 바라보는 혼란과 고통의 세계입니다.

두 번째 단계는 "산은 산이 아니고 물은 물이 아니다."의 단계입니다. 어리석음의 눈으로 바라보던 산과 물이 산과 물의 참된 모습이 아니라고 부정하는 단계입니다. 혼란과 고통의 모습이 결코 참된 진리의 모습이 아니라는 문제의식을 지니는 단계입니다. 이러한 부정과 문제의식을 통해 인간과 세상의 참된 본성을 찾아나갑니다. 이제껏 세상을 보던 시각을 완전히 변혁시키는 것입니다.

세 번째 단계는 다시 "산은 산이요 물은 물이다"의 단계입니다. 말마디는 첫 번째 단계와 똑같지만, 그 의미는 완전히 다릅니다. 첫 번째 단계에서도 산을 봤고 지금 세 번째 단계에서도 산을 보지만, 중요한 것은 산을 보는 사람의 인식이 완전히 달라졌다는 사실입니다. 욕망과 아집의 눈이 아니라 깨달음의 눈으로 바라보는 산과 물입니다. 결국 불교의 깨달음은 세상을 바꾸는 것이 아니라 나 자신이 바뀌는 것이라고 할 수 있습니다. 우리들의 인식과 존재에 완전한 변혁을 이루는 것이 깨달음입니다.

이러한 불교의 깨달음과 비교해 보면 예수님이 제시하신 구원의 의미, 그리고 구원을 이루기 위한 전제 조건으로서의 회개의 의미를 더 분명하게 이해할 수 있습니다. 예수님이 우리들에게 요구하신 회개는 진리이신 하느님에 대한 완전한 깨달음을 의미합니다. 하느님이 궁극 진리임을 깨닫고, 그 진리를 향한 삶으로 완전히 자기 자신을 변혁시키는 것이 회개의 진정한 의미입니다. 이렇게 자기 변혁으로서 회개를 이루었을 때, 이제껏 자신을 괴롭히고 속박하고 있던 모든 제약과 결핍으로부터 벗어나 완전한 인간 존재를 이룰 수 있습니다. 진정한 구원을 이루는 것입니다.

이야기를 마치면서

지금까지 예수님의 삶과 가르침이 이끌어 주시는 길을 이웃 종교의 가르침과 견주어 가며 따라가 보았습니다. 어찌 하다 보니 스무 가지 이야기가 만들어졌습니다. 사실 이야기 하나 하나를 엮어 내는 일이 저에게는 정말 힘들고 벅찬 일이었습니다. 차라리 가벼운 에세이거나, 열심히 머리를 쓰면 그럭저럭 써낼 수 있는 학문적 글이었다면 그렇게 곤혹스럽지는 않았을 것입니다.

그렇게 안간힘을 썼으면서도 결국에는 그저 머리로만 쓴 글, 이런 저런 말들을 짜 맞추어 만들어 낸 글들이 되어 버려 또 다시 마음이 무겁습니다. 껍데기뿐인 말들을 읽으면서 허탈하셨을 여러분들께 죄송스러운 마음입니다. 그래도 이야기를 마무리하면서 지금껏 종교 공부를 하면서 자연스럽게 간직하게 된 저의 감상을 나누고 싶습니다.

저는 하느님이 궁극적인 진리임을 믿습니다. 그리고 그 진리를 조금씩이나마 깨달아 가는 일이 너무나 가슴 벅

찹니다. 제가 이웃 종교를 공부하는 것 역시 이렇게 궁극 진리를 깨달아 가는 과정입니다. 이웃 종교를 통해 궁극 진리에 대한 이해를 더욱 넓고 깊게 할 수 있는 것입니다. 제 글을 읽으신 여러분들도 궁극 진리를 더 넓고 깊게 이해하실 수 있었다면 제겐 정말 감사한 일입니다.